物小故事丛书

科学家

颜煦之◎编著

台海出版社

图书在版编目（CIP）数据

科学家 / 颜煦之编著. —北京：台海出版社，2013. 7

（大人物的小故事丛书）

ISBN 978-7-5168-0172-7

Ⅰ．①科…Ⅲ．①颜…Ⅲ．①科学家—生平事迹—世界—青年读物 ②科学家—生平事迹—世界—少年读物 Ⅳ．①K816.1-49

中国版本图书馆CIP数据核字（2013）第133306号

科学家

编　　著：颜煦之

责任编辑：王　品

装帧设计：视界创意　　　　　版式设计：钟雪亮

责任校对：李艳芬　　　　　　责任印制：蔡　旭

出版发行：台海出版社

地　　址：北京市朝阳区劲松南路1号，　　邮政编码：　100021

电　　话：010—64041652（发行，邮购）

传　　真：010—84045799（总编室）

网　　址：www.taimeng.org.cn/thcbs/default.htm

E-mail：thcbs@126.com

经　　销：全国各地新华书店

印　　刷：北京一鑫印务有限责任公司

本书如有破损、缺页、装订错误，请与本社联系调换

开　　本：710×1000　　　1/16

字　　数：170千字　　　　　　　印　　张：11

版　　次：2013年7月第1版　　　　印　　次：2021年6月第3次印刷

书　　号：ISBN 978-7-5168-0172-7

定价：29.60元

目录 MU LU

编者的话

古往今来，世界上涌现了多少英雄豪杰、旷世奇才！他们中有的胸怀天下，保家为国，为民谋福；有的文武双全，万夫莫当，勇冠三军；有的超凡入圣，博古通今，满腹经纶；有的足智多谋，能言善辩，安邦定国；有的七步成章，著书立说，著作等身；有的多才多艺，身怀绝技，不同凡响；有的心灵手巧，创造发明，造福人类；有的学富五车，诲人不倦，为人师表；有的浪迹天涯，出生入死，敢为人先；有的忍辱负重，自力更生，艰苦创业……

这些出类拔萃、建有丰功伟绩并能流芳百世的人物，就是人们所景仰的政治家、军事家、思想家、外交家、文学家、艺术家、科学家、教育家、探险家、企业家……

这些人，在他们各自领域能取得辉煌的成就，都有各自的原因。或是勤奋好学，任劳任怨；或是克勤克俭，锲而不舍；或是谦虚谨慎，勇于探索……他们的成功，离不开他们良好的心理素质和高尚的道德品质。他们的成功，都饱含着辛勤的汗水和痛苦的泪水。他们的成功，都有一个个说不完的动人故事。

这些人，是能人，是强人，是名人，是巨人，是圣人，是"超人"，是伟人，是我们常说的大人物。他们不仅为后人留下数不尽的物质财富，也给我们留下无尽的精神力量。他们是人们崇拜的对象，也是人们学习的榜样。

人们常说，"榜样的力量是无穷的"。"近朱者赤，近墨者黑"，就是这个道理。孟母三迁，择邻而居，就是要为儿子找个好榜样。

这里，我们收集了10个领域里共1000多位大人物的小故事。大人物，虽是伟人、巨人，但他们也是常人，是凡人。他们也有着跟普通人一样的经历。他们有七情六欲，喜怒哀乐；他们有成功的喜悦，也有失败的痛苦；他们曾有万贯家财，也曾一贫如洗；他们曾所向无敌，也曾溃不成军；他们曾受人敬仰，也曾被人耻笑……在他们身上，有许多这样生动有趣的小故事。

这些小故事，大都以历史事实为依据，加以描写；也有以人物传记为蓝本，加以缩写；也有以新闻报道为素材，加以改编。这些小故事，有写政治家的雄才大略，也写他的大智若愚；有写军事家的视死如归，也写他的儿女情长；有写外交家的大义凛然，也写他的委曲求全；有写思想家的真知灼见，也写他的人生追求；有写艺术家的勤奋刻苦，也写他的德艺双馨；有写教育家的知识渊博，也写他的不耻下问；有写文学家的创作甘苦，也写他的奇妙构思；有写科学家的呕心沥血，也写他的失败经历；有写探险家的赴汤蹈火，也写他的胆大心细；有写企业家的仗义疏财，也写他的精打细算……

这些小故事，像一颗颗璀璨的露珠，晶莹剔透，闪闪发亮，能折射出大人物们身上夺目的光芒。这就是人格魅力！这就是人格力量！这就是我们学习的榜样。

我们写出这些大人物的小故事，把他们的精神面貌一一展示在你的面前，少年朋友们读了这些小故事，当可从中获得知识，受到启迪，明白事理，学会做人。

祝福你，少年朋友，但愿你也能成为大人物！

·造福千年都江堰·

世界上有没有建成两千多年之后仍然完好如初的水利工程呢？有。它就是位于四川省岷江上的都江堰，至今，它还雄立在岷江之上，造福着四川人民。建筑这一烁古震今伟大工程的，是公元前250年左右秦国的蜀郡守李冰。在那个科学不昌明，工具十分落后的年代，能建造出这样功能齐全的水利工程，确实是世界水利工程史上的一个奇迹。

公元前256年，秦昭王派李冰担任蜀郡守，李冰决心把蜀郡治理好。他发现，流经灌县的岷江常常泛滥成灾，淹没灌县以下广阔的平原地区，于是，他在详细考查了当地的地形之后，提出了修渠的主张。

滔滔岷江水在洪水期，常常冲垮堤岸，为了降服它，必须把大水分流，让大部分水经岷江主河道流向下游，截留一部分用做灌溉。怎样才能做到这一点呢？李冰在灌县城西北的岷江中，建造了一个人工岛，它像一条大鱼的鱼嘴，把江水分成两半。西边的仍是主流道，叫作外江；东边的一小半截留江水，叫作内江。这样，一向奔腾不羁的江水，就乖乖地听从人的调配了。

但是，即使是进入内江的水，依然奔腾不息，不大容易听人调遣，必须给它装一个开关，约束它的行为。李冰看中了灌县城西南的玉垒山，他把玉垒山凿出一条通道，让江水从狭窄的山道里通过，江水一下子变得顺服起来，稳稳地淌入灌溉渠道，逐级分流到广大的平原地区。因为玉垒山的渠口像一个瓶颈，人们便把这个水利设施叫作"宝瓶口"。

在宝瓶口的上游，李冰还设置了一个预防大洪水的飞沙堰。那是一个略高于平日水位的水坝，内江水位低的时候，它不让江水逃逸；万一洪水较大，宝瓶口水流湍急，有漫溢的危险，飞沙堰就成了自动的调节开关，洪水漫过堰堤，自然而然流入了外江。巧妙的构思，保证了灌溉系统的安全。

　　在建造这些水利设施的时候，李冰吸取了当地农民的经验，创造了许多出色的施工方法。凿穿玉垒山是施工的关键。在没有炸药的时代，这是一项浩大的工程。李冰采用了火烤水浇的办法，让坚硬的岩石加速风化，反复的热胀冷缩，使岩石崩裂，施工就方便多了。当时的堤坝只能用土堆成，土坝夯得再坚，也承受不了水流的冲刷。李冰指挥民工上山砍竹，编成竹篓，在里边灌满卵石，一只只竹篓沉入江底，堆垒成堤坝，就能抵挡住湍急的水流，积千年而不毁。时至今日，在抗洪第一线，钢筋石篓仍然是堵漏的有力手段之一。

　　李冰还设计了临时江堤，这种用三根大木扎成的三角架，配上竹篓，可以阻挡水流。在内江水枯时，堵住外江口，提高内江水位。它还能截断内江水流，用来疏浚河道，也能在枯水期淘挖外江河床。

　　为了让都江堰千年不毁，李冰还制定了维修水渠的六字诀："深淘滩，低作堰。"深淘滩是关键，能使水渠有一定深度，一定大小的过水断面，保证河床安全地通过较大的流量；低作堰则是防止河床加高，形成像黄河那样的悬河，这正是现代控制流量的重要原则。为了保证实现这六字诀的要求，李冰在内江埋入三个石犀牛，规定淘沙要见到石牛为止；又在河堤上立了石人，要求枯水不至足，大水不没肩。这些标尺的建立，为维护都江堰起了重大作用。

　　今天到都江堰的游人，除了可以一睹都江堰宏伟的建筑以外，还可以到玉垒山参观二王庙。二王庙是当地民众为纪念李冰和他的儿子而修建的。享用了都江堰带来的两千多年灌溉之利，当地百姓当然不会忘记李冰父子的丰功伟绩。

·世界上第一台地震仪·

　　世界上第一台地震仪是东汉时著名科学家张衡制造的。张衡，字平子，公元78年生于河南南阳北25千米的鄂城。他一生主要担任太史令，主管天文历法科技，在算术、文学、天文诸方面都有卓越的贡献。其中，他发明的浑天仪是一台天文仪器，可以辅助对天象进行观测，充分体现了当时比较先进的浑天学说。除此以外，张衡最大的贡献便是候风地动仪，作为世界上第一台地震仪，它比西方同类仪器早1700多年。公元139年，63岁的张衡在洛阳与世长辞。

　　在公元96年到125年这30年间，中国大地上发生了许多次强烈的地震。在这个地震多发年代，张衡正好担任太史令这个职务，天文地理、历法时令都归他管。责无旁贷，他当然要关注这方面的事，尽心尽力，把地震管起来。

　　但是，当时交通不便，中国又如此之大，一个地方发生地震，总要隔上几天，甚至半个月，都城洛阳才能知晓。俗语说知己知彼，才能百战不殆。对地震的情况掌握不清，如何应付得了危害百姓的自然灾害呢？

　　张衡一向精于器械制造，他制造的浑天仪深得朝野倾服。于是他想制造一种能够测得地震的仪器，收到身在洛阳、尽知天下地震消息的效果。

　　128年，50岁的张衡终于试制成功了候风地动仪。它是一种青铜铸成的仪器，直径1.9米左右，高2.7米，形似古代的酒樽，上边有一个隆起的圆盖，周围按八个方向铸着八条龙，龙嘴里含着铜珠。龙头下边，各蹲坐一只铜铸的三足蛤蟆，大张着嘴，准备承接龙嘴中的铜珠。

当任何一个方位发生地震时，震波传到地震仪下，触动仪器里的器械，发生类似杠杆般的运动，相关方向的龙首上的龙嘴便会被打开，铜珠坠落，正巧落在铜蛤蟆的嘴里，发出响亮的声音。看守地震仪的人便会把地震的时间、方位记录下来，并载入史册。

地震仪已经造成了，但是还没有得到验证。从前的浑天仪，记载着天上的星座，并能够随着星斗的移动而旋转。每天晚上都可以得到证实。地震可不是每天都有的，因此，地震仪制成许多时日，龙嘴里的铜珠还未跌落过。

地震仪得到最好验证的一次，发生在138年2月3日。这一天，安放在洛阳的地震仪突然动了起来，它西方的一条龙张开了嘴，铜珠跌落在蛤蟆嘴里。可是，洛阳所有的人都没有感到大地有什么震动。

人们开始对张衡的地震仪产生怀疑，认为它发生了错误，一些人趁机攻击起地震仪来，认为它是一种奇巧小技，祖宗留下来的典籍里从来没有记载过。非圣无法，实在不足取。

可是没过几天，驿站送来千里之外陇西地区的传报，就在2月3日，那里发生了强烈的地震，震动强烈，按今天的震级计算，恐怕要在六级以上。这一下，那些怀疑的人才闭了口，洛阳的人更加相信张衡的地震仪了。

张衡的地震仪已经在战乱中丢失，现存所看到的是后人的复制品。张衡的发明被记载在《后汉书》中，历来都得到中外科学家的重视。有人研究后认为，隋唐时期，张衡地震仪的原理就由波斯传到了西方，西方同样原理的仪器，很可能受到《后汉书》记载的启发。不过，无论这种说法是真是假，都不能否定张衡的发明在世界科学史上遥遥领先的地位。

·蔡侯纸名垂千古·

　　人类文化的载体可谓多种多样：远古的岩崖受过涂鸦，古代埃及的纸草，中东的泥版，欧洲的羊皮，中国的甲骨、竹片、丝帛都曾记录过文字。现在纸是最普遍的记载文字的工具。说到纸，便不能不提到在造纸工艺上作出卓越贡献的东汉蔡伦。这位出生年月已不可考的东汉时期的发明家，出生地是湖南桂阳，因为家境贫困，入宫当了太监。当他升为尚方令，主管宫中皇家供奉时，改良了造纸术，发明了日后广为流行的"蔡侯纸"。所以，人们一般把他向皇帝贡献造纸方法的105年，当作纸正式成为书写用具的日子。

　　在当小太监的日子里，蔡伦就看到竹简和缣帛的缺陷。竹简太重，要写一篇奏章，就得用上千片，两个人才抬得动，读起来也太麻烦。缣帛倒十分轻巧，不过那东西也实在太贵，一般人绝对用不起。

　　当时民间已流传着一种叫纸的东西，勉强可以用来写字。纸是用乱麻做的，但是工艺落后，质量低劣，不仅表面粗糙，而且还因为吸不上墨；不容易把字写上去，因此也不受人们的欢迎。但蔡伦却留意上了这种东西。

　　蔡伦当了尚方令，立刻有了制造各种工具的权力和条件，过去的梦想又开始在脑中出现，能不能把民间制纸的方法改变一下，让纸成为代替笨重的竹简和昂贵的缣帛的记载文字的工具呢？他决定要试一试。

　　在试验过程中，蔡伦发现，原来的纸之所以极不平整，而且不能吸墨，原因有两点：一是麻丝中夹杂着杂质，二是那些麻丝没有彻底捣碎捣烂。于是，他采用了当时去除杂质的成熟方法，把斩碎了的麻丝跟草木灰搅和，然后加水透煮。草木灰中含有碱，经过透煮，麻丝中的杂质便被除去了。加热透煮，还能使工期缩短，减少常温腐烂时发出的恶臭。

下一步，该把剩下的东西捣烂了。蔡伦用水把烂麻漂洗干净，然后放进石臼，反复冲捣，直至捣成极细极细的浆。这样，造纸的浆便制成了。然后，他让工匠用能漏水的麻布框，在搅匀的纸浆池中抄出一层薄薄的纸浆，漏尽水，在纸浆快干的时候，用鹅卵石反复碾压，等完全晾干，一张洁白的平整的纸便造成了。它质地均匀，表面光洁，又轻又薄，写起字来，比缣帛更方便。献给皇帝，皇帝使用之后，非常高兴，立刻下令在全国推广。于是，笨重的竹简很快便被淘汰。纸，这种方便的记载文字的工具迅速得到了传播。

纸的推广又带来了新问题，哪里去找那么多的麻丝？蔡伦觉得，既然麻能造纸，和它差不多的东西也一定行。他找来破麻布、破渔网，最后找来了一种叫楮木的树皮，试验下来，树皮不仅便于制造，而且造出来的纸比其他原料造的质量更好。新的原料，使纸的造价大大降低，树皮的采用，更使蔡伦的造纸方法跟现在最先进的造纸工艺相差无几。木浆造纸术，在蔡伦时代就奠定了基础。

蔡伦在121年去世，他被历代造纸业尊崇为祖师。他的造纸术被后人不断改进，除了改进工具之外，还在造纸原料上有了进一步更新。增加了胶质，使纸更牢固；在纸的表面添上涂料，使纸面更加光洁；造纸时加进天然颜料，出现了色纸；为防虫蛀，在纸浆里加入黄蘗和雌黄等等。造纸术很快经由朝鲜传到日本，由阿拉伯传到欧洲、非洲及整个世界，纸替代了原有的纸草、贝叶、羊皮，成为主要的记载文字的工具，对科学、文化、经济的发展，发挥了巨大的作用。

·辨证施治第一人·

中国古代有三位医生被称为医界之祖，他们是扁鹊、华佗和张仲景。其中，与华佗同时代的张仲景，总结了中医辨证施治的理论，写了一本叫《伤寒杂病论》的专著，他的书至今还是学习中医的经典。张仲景本人则更被尊崇为中医学界的医圣。

张仲景大约150年出生在南阳郡，小时候曾跟同乡中名医张伯祖学过医，但后来他却走入仕途。曾担任长沙太守。要不是他在任内南阳流行瘟疫，灾难中张家竟也死去人数过半，他或许还会以仕途终了一生。

这场灾难改变了张仲景的生活道路，瘟疫流行时，他也曾替自己的家人、替别的人开过药方，但还是无济于事。他感到自己有必要专心于医学，寻求治好瘟疫的办法。于是他辞去官职，全心全意研究医理。他的这一选择，终于使他成为泽被后人的名医。

要当名医，恐怕比当好太守难得多，因为要付出更多。张仲景遍读古医籍，潜心领会其中精要，又认真施治，总结经验，医道终于日臻完善，成为南阳最出名的医生。

一天，两位病人一齐登门求医。张仲景按望、闻、问、切的办法，发觉他们都患了外感风寒的伤寒症，症状并不严重，便没有注意他们的区别，一起开了服出汗的药，让他们回家买药煎服。

第二天，张仲景出诊途中，经过这两人的家，就顺便去随访一下。走进第一家，看到病人已经痊愈，屋里屋外正忙着处理家务。问起病情，病人感激万分："昨晚吃了大人的药，前半夜出了一身汗，早上醒来就没事儿了，真得谢谢大人妙手施救呀。"瞧着他生龙活虎般模样，张仲景心里也高兴，他觉得，治风邪，出汗确实是一种好方法。

谁知到了第二家，却不见病人，只听到卧室里有人一声接一声在呻吟。张仲景赶紧进去，却看到病人头上紧紧扎了一条带子，还不住地喊头痛。这是怎么回事呢？同样一张发汗的药方，为什么会引起截然不同的后果？

张仲景仔细给病人复诊，发现自己昨日太疏忽了，这人虽然也是外感风寒，但由于体质弱，昨日已经出了汗，现在手心还是湿湿的发烫。再叫他出大汗，当然会支撑不了。于是，张仲景连忙换了清热的药方，病人终于转危为安。

事后，张仲景得出结论，中医施治虽然广有八法，但究竟用哪一法，还需看病情和病人体质，风邪在表能用发汗法，大热之症得用清热法才行。在实践的基础上，张仲景逐渐形成了辨证施治的观点，四诊六经，八纲八法，构成了比较完整的体系。

掌握了辨证施治的方法，积累起丰富的经验，张仲景对各种疑难症状的诊治有了比较大的把握。有一次，他在洛阳遇到了天才诗人王粲，对面观察了一番，便劝告他："你已经身罹奇疾，五脏燥热，如不服用五石汤，等到眉毛脱落，就极难诊治了。"当时王粲年方十七，正心高气傲，并不把一位医生的话放在心上。到了30岁，眉毛果真脱落。这位建安七子中年轻的诗人，果然41岁便病逝在去东吴的路上，成了讳疾忌医式的人物。

到晚年，张仲景把自己研究的结果，写成《伤寒杂症论》，文后还附录了大量经过实践证明了的成方。后人又把它编作《伤寒论》和《金匮要略》，分别论述传染性疾病和各种杂症的诊治。虽然因为张仲景弃官行医，各种历史书籍并不替他立传，但他的光辉著作，却大大胜过史书的列传，并永远得以流传。

·千古奇药麻沸散·

中国汉代三大名医之一华佗出生在东汉年间，是沛国谯郡人，精通内、外、儿、妇、针灸各科，特别擅长外科，是世界上最早使用麻醉法施行外科手术的医生，比西方采用麻醉术早1600多年。可惜他在208年被曹操杀害，所著医书被付之一炬，没有流传下来。但是，他行医的故事，却永远流传在人间。

从东汉末年到三国时期，兵荒马乱，战祸连年。作为一名外科医生，华佗老要替别人治伤。那些受了伤的士兵，在作手术时，呼爹唤娘般号叫，真让在场的人受不了。唉，有没有办法减轻他们的痛苦呢？

有天傍晚，抬来了一位满脸是血的病人。他的亲人说，这位年轻人喝醉了酒，回到家门口酒性大发，一跤跌得头破血流，躺在家门口不动，喊他也不应，恐怕是没救了，请医生赶快救活他。

华佗察看了伤势，额头上有道创口，血流得吓人，如果缝合起来便没事了。把了把脉，病人是醉极了，根本没有生命危险，便急急忙忙给他洗伤口，用药线给他缝合，敷了药，包扎好。华佗对他的亲人说，没事了，几天后就会完全好了。

病人亲属千恩万谢，抬走了依旧醉得不省人事的年轻人。华佗却陷入了沉思：别人缝创口时，没有一个不叫唤的，这人却一声没吭，恐怕是酒喝多了，醉得什么疼痛都不觉得了。看来酒能迷性，迷性之后，就不觉疼痛，应该可以解除痛苦了。

酒能迷性，对身体不利，用酒来减少疼痛恐怕是不行的，它只能起药引的作用。华佗决定选一些能让人昏睡而又不导致危险的药物，在手术前用酒吞服，这样，便能减轻病人在手术中的痛苦。

华佗是药物的行家，经过再三斟酌，他决定用曼陀罗花作主药，配上君臣佐使，组成一帖让人麻醉的药。药的组成，服用量，都经过试验之后再确定下来。这种药，华佗给它起了一个名字，叫麻沸散。

麻沸散配成后，华佗动外科手术时就放心多了，再也不用听那种凄厉的呼叫，再也不用匆匆忙忙结束手术，病人昏睡着，尽可仔细地剔骨挖肉。据说，蜀汉大将关羽中了毒箭，华佗建议他用麻沸散，这位硬汉却不肯，硬是让华佗在自己清醒时作了刮骨手术。

麻沸散不仅能替一般的外伤病人减除痛苦，还能够让病人在昏睡中，毫无疼痛地剖腹开膛，作体内大手术。有一天，一位男子捂着腹部，弯着腰，痛苦万分地来找华佗，说自己腹中如刀绞般剧痛，请华佗给他诊治。华佗仔细观察了病情，告诉他患了急性肠痛，得立即剖腹把肠子割去一截，除此，无法根治。

病人的家人听了，觉得人的肠子截去一段，无论如何无法生还。但出于对华佗的信任，还是答应让华佗试一试，死马权当活马医。华佗立即施行手术，还邀家人在一旁观看。

病者吞服麻沸散后不久，便昏昏然麻醉过去，什么事都不知道了。华佗立即剖开肚腹，从右下腹钩出一段大肠。在场的人都看到，肠上有一处红色溃痛，已经有白色脓疮。华佗眼疾手快，很快截去坏肠，缝合肠子，把肠子纳入肚中，再把肚子缝合，敷上生肌散，手术便结束了。不几天，这位病人的伤口愈合，肠痛完全治好了。

华佗的麻沸散跟他其他医术一样，是失传的绝技。但后人还是根据一些蛛丝马迹作过探讨，李时珍在编述《本草纲目》时，就曾经亲自试过曼陀罗花，替中华医学重添了光彩。

·"天下名巧"马钧·

马钧是三国时代有名的机械制造家，他是陕西扶风人，小时候，跟母亲生活在一起，全靠母亲织布度日。后来，他成了发明家，第一个改良的，便是织布机。后来他又复制了指南车，改进了水车，还制造出种种奇异的精巧机械，比如能自己活动的木偶等等，因此被当时的人称颂为"天下第一名巧"。

马钧改良了旧织布机，制出了新式提花机之后，朝廷选拔他当了博士。有一天，马钧上朝时，遇上大臣高堂隆和秦朗将军。两位高官实在瞧不起出身贫贱的马钧，便在一旁借机嘲弄他。一个说，有人居然相信古代有什么指南车，真让人好笑。古人胡乱编造的话怎么能听？另一个附和，什么指南车，不过是骗人的把戏，把自己打扮成神仙罢了。

马钧知道他们的意思，便走上前去，告诉他们，古时候指南车是有的，"不相信的话，我一定造一架让大家看看"。他不善言语，不想跟他们争辩，只是跟他们约定，一个月之后，一定拿出指南车来。

马钧从这天开始，关了门在家试制指南车。他从书本上看到，指南车是在车上安装一个指南的小木人，车里装上一系列齿轮，无论车子往哪个方向转弯，车上的小木人总是伸出一只手指向南方，至于那些齿轮有几个，如何安装，又怎样能保证小木人一直指着南方，书上就没有了记载，全靠马钧自己去想了。

经过一个月的"闭门造车"，他终于把古代的指南车造了出来，放到了那些准备看他笑话的人面前。从外表看，跟书上记载的一模一样，试一试，只要先把车子朝南放端正，任你如何东拐西弯，车上的小木人总是指着南方。

马钧绝不想保守什么秘密，他拆开车，让大家看到车里一系列的齿轮。小木人的底座就是一个大齿盘，旁边有两个齿轮，齿轮外边还有一系列的齿轮，靠近车轴上的齿轮。当指南车直往前走的时候，这些齿轮并不相挨，所以也不转动。待车子方向偏斜行走时，车轴上一边的齿轮便咬住其中一组齿轮，齿轮转动起来，带动小木人下边的大齿盘，正好抵消了车子转动的角度，小木人便依然指向了南方。准确地说，这种车子应称作指向车，它的作用是能够在行进中固定地指向原定的方向。

造出了指南车，马钧的声名大震，许多人都来请他制造各种机械。有一次，一位农夫找到他，说自己的农田地势太高，河水又太低，请他弄个提水的器械，可以免去许多劳累。

马钧知道，要把低处的水引上高处的田，只能靠辘轳和一种叫桔槔的工具，每次只能打一桶水，既费时又费力。能不能制造一种能连续提水的工具呢？这对农家可是一种福音呀。

马钧想到了齿轮，如果能用一个不断转动的齿轮，带动一根可以不断循环往复的链式齿轮带，再在上边装上刮板，装上一个能存水的木槽，那么，刮板不就可以不断地把低处的水，顺着木槽运到高处了吗？

有了正确的想法，要造出这种工具，对马钧来说，真是不费吹灰之力。没有多久，这样一架机器就制成了。打水的人只要登上木架，扶住把手，不断踩动踏板，让齿轮不停旋转，水就可以不断从低处升上高处了。因为活动的齿轮一块块像龙骨，马钧就把这种车子叫作龙骨水车。这种水车，在我国一些农村中一直用到抽水机代替它的时候。

马钧就是这样一位心思机巧、造福于民的出色机械师。

·炼丹师治狂犬病·

无论是中国古代，还是中世纪的欧洲，都出现过一批炼丹师。他们热衷于炼出能让人长生不老的仙丹，这种目的当然是极为可笑的。但是，炼丹师们日复一日接触自然界的各种矿物，又随意地把一些矿物混合煅烧，无意中却会发现一些元素化合的秘密。炼丹师们有的又兼当医生，他们的研究也会让人们掌握能医疗疾病的药物的制作方法，像做过这种"有心栽花花不开，无心插柳柳成荫"事例的人在古代有许许多多。晋代的葛洪，这位281年出生在江苏句容一个炼丹世家的炼丹师，就是其中的一位。

葛洪的叔祖葛玄人称葛仙公，是炼丹大师。葛洪就跟叔祖的弟子郑隐学会了炼丹术，成为葛家的嫡传弟子。当时的统治者都爱好长生不老术，葛洪因此能在他们支持下，先后在江苏茅山、广东罗浮山和浙江西湖潜心炼丹，还留下了两本炼丹和医学方面的著作。其中，炼丹的书叫《抱朴子》，具有很高的科学价值，另一本《肘后备急方》则是一本常用医方的汇编，很受人们欢迎。

作为炼丹师，葛洪在《抱朴子》里记载了许多有趣的化学现象。比如朱砂磨成粉加热会淌出水银，水银跟硫磺捣和加热又会变成朱砂，这其实是硫化汞生成和还原的反应。又如当时妇人施的粉，是一种铅的化合物，葛洪把它加热，就变成了黑色，还能把它变成黄色的丹，就是四氧化三铅。这些魔术般的炼丹术产生了客观的效果，加深了人们对化学物质的了解。

葛洪既是炼丹师，又是医生。他的医书上记载着许多疾病，他提到过一种叫"尸注"的病，按症状其实就是肺结核。他还提到过广州流行的一种传染病，病者浑身长脓疮，侥幸不死，也会留下无数小疤痕，这就是世界上第一则关于天花的记载。

特别有趣的是，葛洪住在广州罗浮山的时候，还做了一次治疗狂犬病的医学实践，记录下了自己治疗的经过。

有一天，葛洪入山采药，路经一个小山村，听到村头一位妇人在号啕痛哭。走近询问，才知道她七八岁的孩子被疯狗咬了，吓得昏死过去。围观的人都摇着脑袋，谁都知道，被疯狗咬伤的人，不出一个月，便要像疯狗一样发起疯来，逢人便咬，被咬的人也会染上这种病。最后，浑身抽搐，不治而亡。

葛洪见状，心头泛起了波浪，能见死不救吗？可自己从未治过这种险症，书上也从来没有记载过医治这种绝症的办法。最后他想到了医书上写的"以毒攻毒"的原则，便对在场的人说："咬人的疯狗在哪里？快打死它！"

他的话提醒了大家，疯狗还会咬人，非打死不可！几个小伙子拿起棍棒，很快找到了疯狗，一顿乱棍，把那只疯狗打死了。葛洪让人把疯狗拖来，用斧头劈开狗脑，取出脑子，捣烂以后敷到孩子的伤口上，同时抓了一些药替孩子调养。过了几个月，葛洪再经过那个村子，发现那孩子居然奇迹般地痊愈了，他立即把这件事记录在自己的《肘后备急方》里。

医治狂犬病，欧洲最早的是巴斯德。这位法国人采取的办法也是用经过培养的动物的脑子，他实验用的是兔脑。和巴斯德的办法相似，葛洪的所谓"以毒攻毒"，其实是一种免疫疗法。虽然葛洪只记录了一个病例，对治疗过程中起决定作用的方法也缺乏研究，但这毕竟蕴含着现代免疫学的萌芽，比巴斯德早了1000多年。

葛洪活了60岁，341年去世。后世的人，不仅把他作为炼丹术的祖师，更怀念他治病救人的功德。

· 祖冲之与圆周率 ·

　　祖冲之是中国南北朝时的伟大科学家，他429年出生在一个世代从事科学研究的家庭。他的一生研究成果很丰富，主要的成果有两个：一是在与保守势力的斗争中，修改了历法，他的《大明历》是当时世界上最先进的历法之一，沿用了很长时间；另外一个是对圆周率的计算，他的圆周率计算到小数点之后第七位，同样的计算结果，西方要到1000多年之后才产生，所以，有人把这个结果称为"祖率"。他的儿子祖暅之整理了他的文集，并继续进行着研究。

　　一生勤于学习的祖冲之到年近不惑的时候，对圆周率发生了兴趣。他对历代出现的圆周率计算方法进行了深入的研究，发觉它们有一个特点，从简约到精密，从含糊到科学。到了刘徽的时候，已经运用了接近于近代数学的近似值计算的割圆术了。但是，刘徽的圆周率只计算到圆的内接96边形，假如还能继续把圆切割下去，192边形、768边形……圆周率岂不更接近正确？于是，祖冲之带着只有十几岁的儿子祖暅之，利用公务之余，开始了寻找更精确圆周率的研究工作。

　　这天晚上，父子俩在书房的地上画了一个直径为一丈的大圆，开始了圆的内切多边形周长的计算，6边形、12边形，花了四五个晚上，才计算到圆的96边形。这一步，已经是刘徽计算的终点。

　　但是，他们发觉，自己的计算，跟刘徽所得的数字，已经发生了误差。年轻气盛的儿子认为，自己每一步计算都非常细致，不可能出错，恐怕是刘徽出了差错，所以他才无法继续下去。祖冲之却认为，刘徽一生精明细心，要推翻他的结果，一次计算不足为凭，必须重新再来。

要重新再来，谈何容易！中国古代的计算采用的是算筹，每计算一步，就得在桌上挪动许许多多算筹，圆周率的计算，牵涉到加减乘除和开方，每一个数字都有长长的尾数，计算一次，记下结果，算式就得打乱。一旦有错，就要从头开始。祖冲之父子重新一根根搬动算筹，又花了几个晚上，才得出另一个结果，这一次，结果跟刘徽一致，祖冲之才放下心来。

下边，就是前人从未涉及的领域了。有了上次96边形计算的教训，父子俩变得格外小心，每一步计算都不敢有丝毫的疏忽。从192边形开始，一直计算到24576边形，这时候，多边形的周长已经非常接近于圆的周长，如果圆的直径是1，那么，圆周的周长应该在3.1415926和3.1415927之间。小数点以后的第七位，误差已经小于一个单位。如果用这个圆周率计算圆的面积，20千米长的直径作的圆，面积误差只有几个平方厘米，可见它已经到达了十分精确的地步，祖冲之这才满意地停止了计算。

当然，在日常的生活和工作之中，并不要采用这么繁复的圆周率，它的计算太麻烦了，于是，祖冲之又给出了一个简率，精确到小数点后两位，那就是3.14。圆周率还有另一种表达方式，用分数表达，密率是355／113，约率是22／7，这种表达法更便于计算。

一千多年后，德国数学家鄂图也得出了355／113这一个圆周率的分数值，当时在欧洲引起了轰动，认为这是一个误差比较小的出色结论。为此，骄傲的德国人曾宣称："历史上一个国家所算得的圆周率的准确程度，可以作为衡量这个国家当时数学发展水平的一个标志。"如果这句话真有一点道理，那么，祖冲之就更值得中国人引以为荣了。

·药王与火药·

　　孙思邈是隋唐时期著名的医学家，581年生于陕西京兆华原县。他一生不为官，在民间为百姓治病，活了101岁，到682年才去世。因为他在医疗学和药物学上都有创新，所遗《千金要方》和《千金翼方》成为日后经典著作，人们称他为"药王"。在炼药过程中，他还发现了火药的配方，所以世界科学界一般公认他是火药的发明者。

　　孙思邈能成为名医，一多半是他自学成才的结果。他小时候多灾多难，经常生病。在治疗各种各样疾病的过程中，他十分留意治病的方法，用药的剂量，以及自己服药后的反应。久病成良医，他生过许多病以后，居然成了高明的医生。

　　孙思邈的医道来于实践，他不局限于书本，墨守成规，所以屡屡有新的医术产生。有一次，他接收了一个病人，那人小肚子胀得硬邦邦的，无法小便，服药、针灸都无用，眼见病人难受得直哼哼，孙思邈忽然想到，小便不通，何不用根管子插进去呢？考虑再三，他采用了小葱的葱管，慢慢地从尿道口插入膀胱。等插进去的葱管差不多够了，他不怕脏，含住葱管往里吹了口气。很快，孙思邈就看到潴留在体内的小便，通过葱管淌了出来。这恐怕是世界上第一例导尿术，现在的办法也跟他的办法差不多，只不过把葱管换成了消过毒的橡胶管。

　　孙思邈医德高尚，为了救死扶伤，即使有种种忌讳，他也不放在心上。有一次，他在路上遇到一支出殡的队伍，听说是位产妇难产，已经断气两个时辰，婆婆怕产妇尸首停在家中招来晦气，急急忙忙要让死者入土为安。孙思邈看到草草打成的棺材缝里还有鲜血滴出，便不顾一切上前拦住了队伍。

死者的婆婆见到有人拦路，觉得太不吉利，坐在街头号啕大哭。孙思邈上前告诉她，媳妇还有救，或许还能给她添个孙子呢。婆婆听说他是位神医，才半信半疑答应当场开棺救人。仓猝之间，无法抓药，孙思邈用随身带的金针施治，在头顶、口鼻、手足之间扎了七八针之后，产妇果真苏醒过来，没过多久，还当场生了个白白胖胖的男婴。

要当好医生，必须懂得制药。孙思邈长年住在山中，对各种草药十分熟悉，他还在家中设置丹房，亲自炼制良药。他制的各种丸散膏丹，在治疗过程中往往收到奇效。

有一次，孙思邈在丹炉里投入硫磺、砭硝等药料，一边加热一边用木棒搅拌。炉温越来越高，木棒外表逐渐变成木炭，在搅拌时与药料混合。也不知过了多久，炉子里的药料突然轰的一声，蹿起一团大火，直冲屋顶。要不是药料不多，孙思邈那间草房，非被烧得精光不可。

这一下，孙思邈明白了硫磺、砭硝、木炭三种东西混在一起会产生剧烈的燃烧。他觉得这种办法可以用做炼丹时"伏火"，即主动控制燃烧的手段。于是，他反复进行研究，找到合适的配方和流程，终于巧妙地利用了这种现象，造出了"火药"，它能由人控制，成为起火的药。

他的办法，是取两份硫磺和两份砭硝，研成末放在一个陶罐中拌和，然后在泥地上挖洞埋至罐口。要让它发起火来，只要用干燥的皂角点燃，扔进陶罐中去，皂角烧成炭，硫磺和砭硝立即跟着燃烧起来，投入皂角的多少，决定了"火药"燃烧的强度。这便是世界上第一种可以控制的慢燃火药。

孙思邈一生居住得最久的地方是南五台山。人们为了纪念这位神医，尊称他"药王"，把他住过的山叫"药王山"，山上至今还有座药王庙，庙旁的水池，据说就是药王洗药的地方。

·一行测量子午线·

　　一行是唐代一位僧人，他673年出生在一个贵胄家庭，河北巨鹿人。他本名张遂，年轻时就颇有名气，因为躲避武则天当政时的政治风波，到嵩山嵩阳寺当了和尚。到唐玄宗时，他受命编写新的历法，制造了大批天文仪器，还在世界上第一次组织了大规模的子午线长度测量工作。

　　开元十二年，也就是724年，一行他们修改旧历法的准备工作已经完成了许多，于是开始着手测量子午线的长度了。旧的历法都是根据汉代的说法来计算子午线的，那种说法叫"地差千里，影差一寸"，就是说，两地相差千里，夏至日日影相差一寸长。那是个不准确的说法，前人早就存疑。旧的历法误差，或许就是在这里发生了错误？

　　测量工作以河南为中心，由一行坐镇。另外派出多支队伍，北至内蒙古，南至广州以南，广泛收集数据。务必要测出当地北极星的高度和冬至、夏至、春分、秋分四天正午时日影的长度。河南周边的那些测量点，由太史监南宫说带队。测量的重点是滑县、浚仪、扶沟、上蔡四处的数据。一行一再关照："这四处在南北纵向一条直线上，地势平坦，对测量很有利。"南宫说是一行的得力助手，他认真地点头应允。

　　这次测量跨度大，时间长，一直到两年之后，各种测量数据才陆续汇集齐。一行和南宫说立即投入了复杂的计算。当时的计算只能用筹码，连笔算都没有发明，工作量实在大，计算中不允许发生一点差错，否则会前功尽弃。他们经过细致复杂的推算，终于算出了北极星高度相差一度，南北间的距离就相差351里80步，折合成现在的距离就是129.22千米，这正是子午线一度的长度。

当然，这个长度跟现在用精确仪器测量的数据还有较大的误差，每度大约相差20千米，但是考虑到当时的条件，计算单位的不同以及对一周天度数采用的数字也不一样，这种误差实在不足为奇，这毕竟是世界上测出的第一个子午线的长度呀！

南宫说那里的测量还有一个副产品，那就是测出了黄道和赤道夹角的新数据。据计算，这个夹角为23° 40′ 23″，而现代的数据是23° 36′ 19″，这便是地轴的倾斜度，两者之间的差距已经非常小。

一行测量子午线，是一项规模宏大的系统工程，为后来的大地测量和天文学奠定了基础。世界上所有的科学史研究者都认为，这确实是一次富有创新精神的科学活动，给予它极高的评价。

更可贵的是，一行由此总结出一条光辉的科学原则。他认为，过去说日影差一寸，距离差千里只是在小范围内测量的结果。一个在小范围内研究出的结论，如果不加分析，推广到无限空间，就会得出荒谬的结论。

子午线测出之后，新历法的编撰工作加快了进度。一年之后，完成了初稿，取名《大衍历》，可惜一行操劳过度，就在727年的10月，随唐玄宗出巡潼关途中，旧病突发，不治身亡，年仅44岁。

一行写成的初稿由人整理，到729年由唐朝政府颁布施行。它比当时世界通行的历法都要先进。《大衍历》较正确地掌握了太阳运动的规律，对太阳月亮运动、星象与昼夜时刻都作了正确的说明。从764年开始，日本引进《大衍历》，一直使用到858年。

·科学史上的坐标·

　　1031年，中国浙江钱塘出生了一位科学奇才沈括。他历任各地的地方官，主持过司天监，参加过王安石的变法，去辽国出使谈判过。晚年居住在镇江梦溪园，著述《梦溪笔谈》，在天文、数学、理化、地学诸方面均有突出成就。他所记载的"石油"、"活板"、"地磁偏角"，在当时都属于世界先进的科学发现与记述。沈括虽然在1095年去世，但他留下的光辉著作，却被称颂为中国科学史上的坐标。

　　从1070年开始，宋神宗支持王安石变法，沈括积极变法，频频从汴京到各地视察政务。就在这些出京察访之行中，沈括也不忘科学观测，所到之处，多有所得。

　　有一年秋天，沈括奉命到河北考察。他沿着太行山麓，缓缓北行。来到一处山坳，随行的人突然发现在山坡上边，黄土层中，有一大批鹅卵石，中间还夹杂着海蚌的壳，感到实在奇怪。他们知道沈大人博学多闻，便一齐来向沈括讨教。

　　沈括其实早就注意到这些地理现象，他胸有成竹地对大家说："一路上，我看到这些鹅卵石和海蚌壳都成带状，横亘在石壁之中，范围这么广，只能说明这里过去曾是海滩。"他的话刚说完，随行的人面面相觑，都露出不敢相信的神色。是呀，沈括的话也太神奇了，太行山离东海，远至千里，谁能相信这里曾是海滩？

　　沈括也纵目东望，陷入沉思，过了一会儿才重新说起来："由此向东，平原千里，都是大河携带着泥沙，冲积而成。你们一路经过的那些江河，如黄河、漳水、滹沱河、涿水，哪一条不是浊浪滔滔？是这些河水中的泥沙堆积起千里平壤。传说中尧殛鲧于羽山，在东海中，可是现在黄河之滨的平陆，有羽山遗迹，莫非那时平陆还与海相邻？传说是真是假且不说，所谓'沧海桑田'，说的就是眼前这景象呀！"

沈括对华北平原成因的分析，不仅让当时的人大为折服，后人也给了极高的评价。因为提出同样观点的沈括以后第二人，是意大利的伟大画家达·芬奇，他比沈括足足迟了400多年，而且在西方还算最早的一个。

后来，沈括又率人来到黄土高原。他们看到那些高高的土山，已经被河水冲蚀得支离破碎。沟壑纵横之间，耸立着陡峭的土壁和平坦的土岭。沈括立刻想到了南方奇特的雁荡山，那里的地貌和这里多么相似！一样高度的陡峭山峰下边，隐藏着深深的沟壑，长着茂密幽深的丛林。科学的联想和比较，让这位科学家得出了一个结论：无论是黄土高原上的山和沟，还是雁荡山那些奇异地貌，它们都是由大水冲蚀而成的，大水带走了沟壑里的泥土，把大地刻画成现在这种面貌。

在西方，首先提出水蚀地貌的，是英国人赫顿，他提出这样相同的理论，已经到了18世纪，足足比沈括迟了700多年。

假如我们再提及沈括记录的指南针的磁偏角，就更可以看出沈括在地学方面世界领先的地位。沈括在《梦溪笔谈》中明确指出，无论哪一种方法制造出来的指南针，它们并不指向正南，而是微微地偏向东。这一现象，在西方是由哥伦布发现的，他在大西洋的那次伟大的新大陆之旅中，开始意识到指南针与天文导航之间的差别。而哥伦布恰恰又比沈括迟了400多年。

三个几百年的差距，沈括有了这么领先的优势，这充分表明，中国古代科学技术的进步，也更能让我们懂得沈括的"科学坐标"的意义。

·毕昇造活字·

　　中国的四大发明，有两项与文明的传播有关。蔡伦发明造纸术，使文字有了记载的地方；印刷术的发明，又使书籍的传播脱离了手抄的繁重劳动。但是，从唐代开始的雕版印刷，每刻一本书，要耗费大量木材，花费很长时间。印好书之后，那些木版又要妥善保存起来，等下次再印同样的书，才能发挥作用，书籍不易广为流传。北宋庆历年间，也就是1041年至1048年中，出现了一位印刷工人出身的发明家毕昇，他首创用活字印书，印刷业才开创了一个新的时代。这种方法比较先进，几百年后才传到西欧。14世纪，小亚细亚有了活字印刷的《古兰经》；15世纪中叶，德国人谷登堡用活字印刷了《圣经》，比毕昇晚了400年。

　　毕昇开始制造活字的时候，用的还是木字。把整块木版拆开来，让每个字能反复使用，这已经是个了不起的发明。但在使用之后，他发觉木字沾上了墨水，由于本身纹理不同，吸水后就变得高低不平，印刷质量大受影响。而且木字一经粘牢，再拆下重新使用，就会有损伤。于是，他又采用了胶泥活字。胶泥雕刻活字比木头方便，经过煅烧，变得坚硬平整，刷上墨水，也不会变形，反复使用时，再用火一烧，用来粘结的松香之类也不会留在字上。毕昇的活字印刷终于完全取得了成功。

　　毕昇的活字印刷，全部过程是这样的。先制活字，一套活字，要把书中常用的字多刻一点，每个字排在一起，按韵部排好。然后按书稿的要求，逐字逐字排成一页页。排好版，便进入了印刷阶段。他在一块铁板上铺好松香、草木灰之类的黏合剂，把排好的版用一个铁框围住，然后在铁板下加热，等松香熔化，便用一块平整的木板在字面上压一压。压平之后，让松香冷却，胶泥活字就粘成一大块，便可以开始印刷了。

每一版印完，铁板上的活字可以经过再加热而脱落，稍加清洗，活字就可以再投入使用。假如用好几块这样的铁板轮流印刷，就成为一整套的印刷流水作业，印起书来，速度极快。以前，有人印一部《大藏经》，花了整整12年，雕的木版有13万块，按毕昇的办法，可以省很多时间，省很多木料。毕昇的这种发明，确实是最经济省力的办法，他所发明的活字印刷工艺流程，经过改良，一直沿用到20世纪中叶，直到电脑排版等更先进的印刷手段问世之后，活字印刷才被取代。

但在当时，毕昇这种先进的印刷技术并没有立即得到推广，他印的书，至今一本也没流传下来。除了毕昇社会地位太低，统治者根本不重视之外，当时图书的种数以及发行的需要量不大也是一个原因。既然每年或者好几年才需要印上几部书，每部也只印上百本，又何必去准备那么多的活字呢。雕了木版，今后还可以拿来重印；活字拆卸了，还要找一批熟练的技术工人重新排字，多不方便！种种原因，也包括墨守成规的保守思想，使得活字印刷沉寂了许久，就连毕昇这样的大发明家也几乎要被历史遗忘。

幸亏毕昇制作的一套活字，以及它的操作流程落到了沈括的侄儿手中，沈括了解之后，立刻敏锐地发现了活字印刷的重大科学价值。他马上在自己的光辉著作《梦溪笔谈》中，详细记载了活字的发明和印刷流程，我们今天才得以知道，在公元11世纪，中国出现过一位伟大的平民发明家毕昇。

·天下法医第一书·

我国自古以来，就有法医学的著作问世，五代时和凝父子写过《疑狱集》，宋代郑克也有过《折狱龟鉴》等等。但真正称得上系统的法医学专著的，是出生在1186年死于1249年的宋慈写的《洗冤集录》。这本出版于1274年的法医学专著，比同类的意大利人菲德的著作早出350多年，堪称世界法医学第一书。

宋慈一生中四次担任各省负责审案的官，审理案件时认真慎重，每当仵作验尸，他总是亲临现场，在一旁监督，心有疑惑，便详加询问，直到验得证据清楚明白为止。有时候，他还亲自动手，寻找现场实证。

有一次，下级呈报一桩自杀案，仵作经过验尸，说是自杀身亡。宋慈接到案卷，发觉案情可疑，一个农夫，家中没有变故，也无冤家对头相逼，为什么要在田间自杀？于是下令重审。

宋慈重新验尸，发觉死者双手松握，不可能握紧匕首自杀。自杀身亡的人，因痛楚只可能把匕首越握越紧。而死者匕首刺进身体的力量与拔出身子的力量不同，形成的痕迹也不一样，显然是他杀，绝非自杀。案子重审之后，真相终于大白。原来当地土豪在田间威逼良女，被农夫撞上，土豪一不做二不休，强抢了民女，还下毒手杀人灭口，事后又买通仵作，谎报农夫自杀身亡。案情大白之后，宋慈更感到有规范法医科目的必要。于是他把历年积累的治案经验补充到旧书中去，编成了《洗冤集录》。他去世之后，《洗冤集录》正式出版，被钦定为法官必备的参考书，并在一定程度上成为洗冤昭雪疑案的有力工具。

　　《洗冤集录》的目的虽然是帮助办案，但它所记录的内容，很大一部分是人体生理、病理以及内科方面的经验谈，是一本不可多得的医学奇书。

　　毒蛇咬伤是法医学必然关注的项目，宋慈在分析了毒蛇伤口的特征、中国毒蛇的种类后，还提供了救治的方法。他指出，血脉流通使毒汁内攻，致人死命，必须及时用绳绢于通向心口处扎定，然后口含酒醋吮吸毒汁，随含随吐，至伤口"红淡肿消"时止，如果伤口附近肉死，则需用刀挖去死肉。这与当今处理蛇伤方法已十分相似。

　　毒物能够致人死命。宋慈除列举巴豆、砒霜、毒蕈、河豚、土豆芽等毒物中毒症状外，还记载了解毒的方法。如砒霜服下未久的患者，可以用一二十个鸡蛋打匀，加入明矾末，灌下肚去，吐了再灌，胃中物吐尽则愈。这种蛋白解毒、洗胃的办法，对砒霜确实有解毒功效。

　　另外，宋慈对煤气中毒也有叙述。说人受到煤炕漏气之毒，就会在不知不觉之中死去，就像梦魇后不能苏醒的人一样。它的特点是死尸软绵绵的，外表一点伤痕也没有。这说明宋慈已经注意到一氧化碳中毒的特点，对这种症状的记载，在世界上极早。

　　总之，作为一本法医学著作，《洗冤集录》不仅是世界最早的、系统性最强的著作，它还是一本总结了生理病理学经验的科学作品。书中虽然照录了一些仵作装神弄鬼的迷信成分，但丝毫不能掩盖它积极和科学的一面。

　　因为它是钦定的法医学参考书，后人对它有多次修订补充，它的影响超出了国界。19世纪中叶，荷兰人首先翻译出版了它，以后，又流传到了法、日、英、俄等国。

·大都的缔造者·

郭守敬是我国元代的科学家，1231年生于河北邢台。他的成就，主要在天文学方面，他制造了一系列当时最先进的天文仪器，编制的《授时历》，是我国历史上使用最长的一部历法。同时，郭守敬也是一位水利工程专家，他修过黄河大堤，第一次探测过黄河源头。他在水利方面的卓越贡献，在于开凿了"通惠河"，解决了水源问题之后，元、明、清三代的国都，我们当今的首都得以在目前大致相同的位置上确立。郭守敬是它的缔造者。

郭守敬是元世祖忽必烈登位时出山的。元世祖初定中原，急需有学问的人来替他恢复因战乱而遭重创的农业，对郭守敬他们提出的建议可说是言听计从。当时，郭守敬就提出过建议，要开一条运河，把只通到通州的南北大运河跟当时的中都连接起来，每年可以省下大笔车马运输费。只是因为其他水利工程的需要，以及要编《授时历》，这个建议才被搁置下来，这一搁就是近30年。

正式提出开运河的时候，郭守敬已经60岁了。那些年，他来往于京城附近，看到南方的粮食运到通州，还要用车运进已经成为首都的大都城，不管烈日炎炎，还是大雨泥泞，运粮车都要艰难前行，车夫们实在辛苦。而大都城因为水源缺乏，居民们生活也十分艰辛。于是，他不顾年迈，毅然接下了这个艰巨的任务。

要开通运河，必须有滔滔不绝的水源。大都城的地势呈西高东低的状态，水往低处流，必须去西边寻找水源。郭守敬开始打算把永定河水引到大都，可是永定河河水含沙量太高，河道容易被泥沙淤塞，日子长了，开辟的运河河道不但流水量会减少，还有可能像黄河一样，由于河床抬高而发生水患。而西山玉泉山的水虽然十分清澈，但水量少，无法往东南引水。开河的计划一下子遇上了困难。

郭守敬继续往西勘察，寻找新的丰富的水源。最后，终于在现在的凤凰山的山脚下，找到了水源丰沛的白浮泉。这可是个理想的水源呀。看着泉水滚涌，郭守敬立即在脑海中浮现出未来的运河场景，从这里开始，流到大都再与通州运河接通，整个大都地区就不再以水为忧了。

运河开始挖掘，从白浮泉到大都的积水潭，一路上又汇入了沙河、清河等河流的河水，水势更大。等积水潭跟通州运河接通之后，积水潭立即成为一个水路大码头，整个大都城也就因此往北迁移，坐落到现在北京的位置，经过以后明、清两代的建设，终于形成了现今北京的面貌。

元世祖逝世后，郭守敬依然在朝任职，只不过只对重要的建设提个意见把把关。他70岁那年，元成宗要在自己行宫旁修一道河渠，征求郭守敬的意见，郭守敬对那边的情况很清楚，略一计算，便建议那渠的宽度至少要有50步到70步，才能保证万无一失。

主管修渠的官员却以为不必这么宽，他对元成宗说："郭守敬70岁了，有点老糊涂，那边的渠，30到40步就够宽了，何必费工费料费时？"元成宗便听了那官员的话。

渠才修了一年，连降大雨，山洪暴发，冲坏河渠，淹了大片农田，就连元成宗的行宫也险些被冲垮。元成宗这才佩服郭守敬的老谋深算，经验老到。

这时候，还有人根据元朝的规定，官员70岁就要退职回家，要郭守敬也回家赋闲。元成宗却说："不错，一般官员70岁是该回家了，但惟独郭守敬一人例外，不仅如此，我还要免除他上朝下拜行礼呢。"于是，他一直为官到1316年，85岁逝世。

·纺织大师黄道婆·

在宋末元初之际，江南松江乌泥泾出了一位妇女纺织家黄道婆。她在1245年左右出生，家庭贫困，从小当了童养媳。因为忍受不了欺压，跟随海船来到海南岛崖州，学会了当地的棉花纺织技术。回到江南后，她把自己学到的技术加以改进，传授给当地百姓，使松江乌泥泾成为全国的纺织中心，推进了江南地区经济的发展。她的那些发明和改进，比欧洲18世纪工业革命时的改革早了500年。

1295年左右，黄道婆回到了阔别已久的家乡，去时才十几岁，回家时已经是近五十岁的中年人了。故乡风貌依旧，黄道婆却变成了身怀纺织绝技的人，为了改变江南人贫苦的生活，于是她决定把自己所学悉数传授给家乡人民，算是自己对故乡的报答。

古时候，中国人是以麻和丝制造织物的，棉花的传人，是经由边疆再到内地，因此，江南地区的棉花纺织工艺当时比较落后。由原棉织成布，要经由去籽、弹棉、并条、纺纱、织布几道工序。黄道婆把自己从海南学到的先进方法，传授给自己的乡亲，对纺织工具也作了大胆的改革。

黄道婆制成了专用的"轧车"，用辗轴和曲柄代替了原来的手拣、杖槌等笨重的手工劳动，效率也提高了好几倍。黄道婆制成了大弹弓，弓长四尺，绑上绳弦，用木槌击打，用来弹松去籽的棉花，比起过去一尺多长的小竹弓来，不仅速度快，弹力也强，弹出的棉花便于纺纱。直到现在，有的地方还用这种工具弹棉花。

在用竹条槌出棉筒之后，就要把棉筒纺成棉纱了。长期以来，人们一向使用手摇的纺车。纺纱的人一手持棉条，一手摇动纺车，一次只能纺出一根棉线，速度慢，大大制约了纺织业的发展。直到18世纪前，欧洲还是这么纺着纱。恩格斯分析说，当时要找到能同时纺两根纱的人，几乎像找一个双头人那么难。

黄道婆改良了这种落后的工艺。她首先把手摇的纺机改成脚踏纺车，这样就解放了双手。她又把一只纱锭改成三只，一部脚踏纺机同时可以带动三只纱锭，同时纺出三根纱来，纺纱的速度一下子提高了两倍。她的纺车综合运用了曲轴、杠杆、飞轮等机械原理，是当时世界上最先进的纺纱工具。

纺织业的最终产品是布，织布是最后一道工序。黄道婆将过去织布的简单技术改成了复杂的错纱、配色、综线、提花技术，她把传统的用于丝织的技术都用在了织布上。织出的各种布料上，有折枝、团凤、棋局、字形等图案花饰，成品变得色彩鲜艳，花纹细腻，大受欢迎。

先后跟黄道婆学艺的，有千人之多，不仅有松江地区的，也有远道赶来拜师学艺的，黄道婆都毫无保留地把技术传授给他们。乌泥泾家家纺纱织布，不久，专业的纺纱户发展到1000多家，松江成为全国的棉纺中心，产品销往全国各地，赢得"衣被天下"的美名。

黄道婆是一个极其普通的劳动妇女，虽然她对松江百姓贡献甚大，但历史文献上关于她的记载却寥寥无几，她的许多事迹是通过口头流传下来的。乌泥泾还流传着一首歌谣："黄婆婆，黄婆婆！教我纱，教我布，两只筒子两匹布。"一位为百姓奉献了一切，既传授先进技术，又制造新式工具的纺织大师，人民是永远不会忘记她的。

·千山万水验本草·

　　1518年，李时珍出生在湖北蕲州一个悬壶世家。他赶过考，但14岁中秀才以后一直没有中举，于是回家从父亲学医。他是一位远近闻名的良医，曾经写过《濒湖脉学》，探讨中医望、闻、问、切的理论。他一生为之奋斗的是纠正、补充本草书籍，著述了卷帙浩繁的《本草纲目》。凭着这部著作，他成为举世闻名的药物学家、博物学家。

　　1552年，李时珍34岁时已经是远近闻名的医生。但是，行医的实践告诉他，旧的中药文献有许多谬误，有时候会影响治疗。一位姓庞的渔民按方抓药，药方并没有问题，药店却把有毒性的中药当作漏篮子混进了药方。去找药店论理，药店却捧出一本《日华本草》，上边明明白白记着："漏篮子又名虎掌。"错把毒药当良方，这怎么得了？

　　于是，李时珍下定决心，要批谬扶正，重修本草。作为平民百姓，他人微言轻，无法去说服朝廷来管这件事，只有依靠自己。决心一下，李时珍便开始工作，谁知这一干就是20多年，直到他卧病在床，才终于写成《本草纲目》。即使如此，竭尽全力的李时珍，还是没有看到自己的著作印刷成书。他去世三年后，《本草纲目》才在南京刊印成册。

　　几十年辛苦不寻常，李时珍靠个人的力量，完成要靠朝廷全力以赴才能完成的事业，其中的艰辛不言而喻。但是李时珍却踏遍千山万水，事必躬亲，不畏危难，终于实现了自己的理想。

　　李时珍是位内科医生，但他经常看到患有外伤的病人是何等痛苦。在修本草的时候，他读到了古代外科圣手华佗替人治病的事，其中提到麻沸散，它能够使患者在麻醉里接受剖腹剔脑的大手术而不知疼痛。麻沸散的主药是曼陀罗花，但这味主药该用多少才能起麻醉作用，同时又不致中毒呢？历代的记述都没有说清楚。

不入虎穴，焉得虎子，李时珍决定亲自做曼陀罗花药量的试验。他把估计药量分成两份，叫徒弟在一旁监测，到自我感觉药性发作时，让徒弟用针扎自己的手臂，看痛感是否减轻甚至消失。

试验开始了，李时珍用黄酒把一份曼陀罗花粉吞服下肚。过了一会儿，他觉得有些头昏、心慌，于是他示意徒弟下针。但是，那针还是扎得他钻心痛。他知道药力不够，便断然将余下的另一份用黄酒吞服了下去。

不大一会儿，李时珍只觉天旋地转，接着就昏迷过去了，徒弟再用针扎，他也不觉得了。就这样，李时珍以身试药，终于弄清了曼陀罗花的准确用量。

在验药的过程中，李时珍还要跟迷信思想作斗争。有一年，李时珍来到武当山采药，那儿是明代皇室的园圃，寻常人不许进入。守卫山林的道士绝不许别人采摘一种叫榔梅的果子，说这是仙药，只许皇室享用。

李时珍第一次入山，没走几步就被道士们发现，赶出了山林。后来，他偷偷上了山，终于找到了一颗榔梅。经过他仔细分析，这种所谓仙药，只不过和普通的梅子一样，功效实在有限，最多只能止渴生津、调养脾胃罢了。他毫不留情，把这结论记入了《本草纲目》。

《本草纲目》记载了1892种药物，配有1160幅插图，附录11016条附方。当它出版之后，立刻受到人们重视。1606年，它就被译成日文，1656年译成拉丁文在欧洲广为流行。这部巨著，已成为世界人民共同的宝贵财富。

·徐光启灭蝗·

  徐光启是明末最杰出的科学家，他于1562年生于上海。徐光启的祖父经商，到他父亲手中家道已经败落。所以幼小的徐光启只得一边干活，一边读书，养成了崇尚实践的作风，这对他以后的研究有很大帮助。后来，他一边教书，一边游历，曾到过广西教书。这些经历使他眼界开阔，勇于将西方自然科学知识介绍到中国来。他的农业科学著作《农政全书》最为著名，对我国农业科学的发展有很大影响。

  徐光启的科学研究经常跟农业生产实践相结合，他为了解决农民的吃饭问题，研究并推广福建一带农民从海外引进的高产作物，写了《甘薯疏》，并亲自在上海试种这种从南美来的作物。他在北京为官期间，还指导北方农民种植南方的水稻。天津一带，至今还有良种水稻种植区，这便是当初他所引种的。最能体现他急百姓所急，把科学研究与生产实践结合的，是他在苏北灭蝗的故事。

  1626年夏天，江苏北部蝗灾蜂起。巨如乌云的蝗群遮天蔽日而来，蝗群所过之处，苗谷尽空，大树也被啃得干干净净，好多地方绝收。不多久，山东和河南又出现蝗灾，一时间，农民们惊惶万分，迷信的人们烧香拜佛，祈求"神虫"口下留情。

  这个时候，徐光启正因同僚倾轧，赋闲在家，听到这个消息，心如火焚，立即对危害农耕的蝗灾进行了研究。他尽力收集资料，把历史上重大的蝗灾实情整理出来。发现史书所记蝗灾，多发生在四至六月，这正是夏季谷熟之时，所以危害极大。

  蝗灾所发生的地区也是有规律的。历史上重大的蝗灾都发生在黄淮地区，这一地区湖沼较多，地广人稀，河水上涨之后又干涸，湖边潮湿而无水，芦苇丛生，适宜于蝗虫生长。而同样有水的湖南、湖北、太湖沿岸，因长年蓄水，居民稠密，耕作精细，蝗虫反而不易成灾。

为了摸清蝗虫生长的规律，徐光启亲自去蝗灾湖区作了调查，了解到蝗虫滋生的情况。他把蝗虫生长分为幼虫、蝻和飞蝗三个阶段：蝗虫初起，形如米粒，从土堆中爬起，形成蠕动的土堆；几天之后长成蝻，跳跃迅速，有翅却不能飞；等到蝻翅长硬，长约三四公分时，就成了飞蝗，那时它们成群高飞，就会到处危害庄稼，治也困难了。

根据蝗虫生长各阶段的情况，徐光启总结了农民灭蝗的经验。幼虫最易消灭，凡是蝗区，到了蝗虫滋生之时，必须组织人到河滩湖畔巡查，看到哪里有隆起的土堆，蠕动的幼虫，就要立即扑打，务必消灭殆尽。

如果幼虫已长成蝗蝻，扑打起来就比较麻烦。必须在开阔处挖一条深沟，然后组织数百人，手持铁锹、扫帚，鸣锣驱蝻，把乱蹦乱跳的蝻虫驱赶到深沟中，使它们跳不出来，然后又扫又打又埋，把大部分蝗虫消灭在变成飞蝗之前。

在没有农药灭蝗的时代，这或许是惟一能采取的有效办法了。徐光启想到，光凭一家一户，甚至一村一镇，是不可能组织起这样的行动的，必须官府与百姓全力以赴，才能收到预期的效果。

徐光启写了《除蝗疏》，上书朝廷并向有关州县散发。凡是听了徐光启的办法并施行的地方，都收到了一定的效果。可惜，当时的明熹宗并没有接受徐光启的主张，所以，有的地区蝗灾依然很猖獗。

徐光启在我国第一个研究了蝗虫的生长史，第一次提出了当时可行的灭蝗法，这些都是值得肯定的。更应该肯定的，是他急百姓之所急，结合生产实践研究科学的可贵精神。

·不畏艰险探溶洞·

徐霞客是我国明代伟大的旅行家，地理学家。1587年他出生在江苏江阴一个读书人的家庭里，却一生不应科举，不入宦海，从22岁出外游历，到1641年去世，短短56年的人生中，一半以上的岁月在旅途中度过。他积毕生的游历，写出了《徐霞客游记》，在描绘祖国山川之美的同时，对水文学、石灰岩溶洞的研究走在世界的前列。他对长江源头的勘查和流水对地表的侵蚀有独到的见解，对石灰岩溶洞成因的探讨，更早于西方200年。

1636年，徐霞客在旅途中听说，湖南茶陵有一个奇洞，名叫麻叶洞，传说洞中有神龙居住，别说是外乡人，就连当地人不准备好祭礼，谁也不敢进去。徐霞客到处探险觅奇，凡是别人不敢去的地方，他总要试上一试。他觉得只有这样，才能见人所未见，观奇中之奇。于是，他带了仆人顾兴，匆匆往茶陵赶去。

来到麻叶洞，已经是第二年的一月份。当时虽是冬天，麻叶洞里却雾气蒸腾，确实有一点腥味溢出洞口。难道洞里真有什么异物？徐霞客认为，耳听为虚，眼见为实，只有进洞一探虚实，才能确定洞里究竟如何。

徐霞客用重金聘了附近村上的一名青年作向导，带着火把绳索，来到洞口。那青年一边解衣服纽扣，一边问："请问道长在哪个仙观修道，尊师又是谁？"徐霞客见他问得奇怪，便诚实地回答："我不是什么道长，只是位读书人。"

"啊呀！"那青年吓了一大跳，"我还以为你是神通广大的法师呢！不行，没有法术，进去十个，要死十个。这钱我不要了。"说完，扔下钱，系上纽扣，匆匆逃离洞口。

死了张屠夫，难道只能吃连毛猪？徐霞客偏不信邪，带了顾兴便钻进了麻叶洞。麻叶洞是个洞接洞的连环溶洞，就好比一根藤上结了一连串的葫芦。洞与洞相接处的"藤条"，窄得只容一人匍匐通过。徐霞客与顾兴腰缠绳索，脚朝前头朝后，鱼贯而过。通过几个小洞，最后才来到主洞。

主洞高不见顶，地面上有平坦的石床；四壁有棱有角，仿佛窗格；洞顶石钟乳如珠帘下垂，正好围定石床；四周石笋林立，颜色洁白如玉，晶莹剔透，真似瑶林仙境。

主仆二人出得洞来，看到洞口外聚集了一群村民，他们在洞外已经等候了两个时辰，正议论着进洞救人呢。见徐霞客安全出洞，众人围拢过来七嘴八舌地问长问短，徐霞客谢过大家，把洞中景况描述了一遍，引得村民们钦慕不已。

村民们钦慕徐霞客的眼福，敬佩他的胆识，徐霞客追求的却是鬼斧神工的景象和造物主的神奇力量。为了探索溶洞的成因，他必须寻找更多的溶洞去勘查。于是，徐霞客来到溶洞成群的桂林地区，一共考察了100多个大大小小的溶洞，终于找到了这种溶洞的成因。他不止一次看到，一些长在洞口崖间的松柏，因为被石缝间渗漉的水滴注，日久天长，它们的表面凝结起一层石钟乳般的"皮肤"，于是，他断定，水中含有丰富的"石膏"，即碳酸钙，水分蒸发后，"石膏日久凝胎而成"各色钟乳奇石。在西方，最早对石灰岩地貌进行观察，并得出相似结论的，是博物学家爱士倍尔，他的结论比徐霞客晚了近200年。

1953年，我国地理科学工作者对桂林七星岩作系统的实地考察，他们用先进的勘察仪器所勘察到的数据，居然跟几百年前徐霞客只用目测步量得出的数据惊人相似。这进一步证实了徐霞客写下的著作，确实有不可估量的科学价值。

·追求真理的《医林改错》·

　　1768年，欧洲的科学家们已经对人体的结构有了正确的认识。但在中国，在康乾盛世光环的笼罩下，依旧缺少科学的思想观察，老祖宗留下的一些经典自相矛盾，糊涂不清。就在这一年，王清任出生在河北玉田县。他一生用自己大胆的行动，改变国内人体结构科学方面的落后面貌，还医学界一个清楚明白。

　　王清任年轻时曾学过武术，为此，父亲还给他捐了个千总的官衔，但他不愿卷入浑浊的官场，决意弃官行医，成了京城附近著名的医生。王清任并不因功成名就而趾高气扬，他发觉，医林奉为圭臬的《黄帝内经》，在人体解剖方面，明显地矛盾百出。要当一个好医生，如果对人体脏腑不明，那不就等于盲人夜行，不出问题才怪呢。于是他公开宣布，要解剖尸体，匡正《黄帝内经》的谬误。

　　可是，在那个时代，要这样做简直比登天还难。王清任刚刚言明心志，便立刻招来种种攻击。有人说他毁谤祖宗，大逆不道；有人认为身体肤发，受之父母，岂可伤毁；还有人举出南北朝唐赐临终嘱咐家人剖腹查病，结果却连累儿子凌迟处死的故事，劝他别犯傻。一句话，千百年的礼法不许人们解剖尸体。

　　正因为如此，王清任无法作尸体解剖，无法匡正医学的谬误。他只能在刽子手行刑、仵作验尸时，远远地瞧上一眼。不能亲自动手，人体的真正结构总弄不清楚，王清任为此苦恼了好些年头。

　　真是皇天不负苦心人，王清任终于等到了观察人体脏腑的机会。1797年，王清任同好友薛文煌同去河北唐山办事，双双骑马行进在官道之上。突然，他们发现，离官道一箭之遥，一处荒草丛中，几只野狗正在抢夺着什么，狂吠之声不绝于耳。两人急忙下马，走近前去，却见几具小孩的尸体横躺于地，腹破肠露，已被野狗咬得狼藉不堪，阵阵恶臭传来，让人作呕。地近京都，居然会出现这种惨不忍睹的现象，两人驱赶罢野狗，心情沉重地上了路。

在附近村镇投宿时，王清任了解到实情。这里最近发生了瘟疫，村镇上小儿暴毙后，因村民家境困难，只能草草掩埋，野狗们饥不择食，便扒开虚土，抢食童尸。有些地方，被抛弃的尸体更多。

听了这话，王清任心头一动，何不借掩埋抛尸之名，对脏腑作一次仔细的观察？那些尸体破腹露脏是野狗所为，自己去观察，谁也不能非议，真是机会难得，错过了这个机会，今后又只能纸上谈兵了。于是，他告别了友人，独自留了下来。

下定决心容易，真正去做却难。王清任在第一具尸体面前蹲下，刚刚用树枝拨动内脏，一阵尸臭便熏得他几乎呕吐。但是，多年的夙愿鼓励着他，匡正谬误的决心不能动摇，他咬了咬牙，既来之，则安之，一定要把夙愿完成。

仔细的观察让王清任收获颇丰。前人说，人的胃是竖立在腹中的，可是王清任明明看到，胃是横着的；有人说，人肺底部有24个小孔，呼吸时空气由此进出，他用细树枝捅进气管，发觉并非如此。

王清任一连十多天收殓童尸上百具，通过亲自观察，对人体的脏腑已了然于胸。回到家中，他把自己观察所得详细记述下来，重要的地方，还亲手绘成图形。并拿出古人的典籍两相对照，发觉古书上边谬误甚多，有的连脏器有几件记载的也不对。于是，王清任便把自己写的书定名为《医林改错》。

·扬威吐气为中华·

　　中国第一位成功的铁路建筑工程师是詹天佑。他1861年出生在广东南海县，12岁时考上官费留学，1881年，在耶鲁大学土木工程系铁路专修科学成回国，在福建扬武海轮上驾驶了七年海轮，才得以到中国铁路公司担任工程师。从此以后，他学以致用，修桥铺路，替中国人扬眉吐气。其中最著名的，便是由中国人自己铺设的京张铁路。

　　1903年，清廷决定铺设由北京至张家口的铁路。消息一经传出，英国和俄国便抢着要派人当总工程师，在争吵了一通后，他们又一齐提出：假如京张铁路由中国人建造，他们就都不过问。这本是一种要挟，逼着清廷选定外国总工程师。就在这个时候，詹天佑挺身而出，接下了这副重担。

　　一时间，舆论大哗，伦敦报纸在大吃一惊之余，居然狂妄地宣称："建筑京张铁路的中国工程师还没有出世呢！"面对这种挑衅，詹天佑毫不畏惧：中国人也有一个脑袋两只手，洋人能干的事，我们一定能干！他毅然率领中国技术人员，开始了线路的勘探。

　　京张线确实是一个艰难的工程。它全长虽然只有200多公里，但燕山山脉横亘其间，地形复杂，坡度极大。出南口之后，每10米，路基便要上升30厘米，前边还有八达岭的峭壁阻拦，这里只能开凿隧道。出居庸关，又面临塞外风沙，测量遇上极大麻烦。但詹天佑白天骑驴勘察路线，晚上在油灯下绘图，硬是完成了测线工作，测定的线路大大优于外国工程师的结果。在整个施工过程中，詹天佑遇到的最大困难有两个。第一是挖隧道，第二是火车爬坡。詹天佑用学到的知识，结合实际，创造性地提出方案，逐个解决了难题。

居庸关的隧道，地质构造复杂，山体渗水，暗泉时涌，炸药无法使用，又没有挖掘机。詹天佑与民工一道，硬是靠用锹挖山，用担挑泥水，打通了400米隧道。

八达岭的隧道却又不相同，全长1200多米的铁路隧道，靠当时中国的技术条件，还无法从两端往中间打通，为了避免对接失误，詹天佑果断决定，采用中距离凿井的办法。先在隧道中央的山顶上往下凿井，等达到一定深度再由中间向两端开凿。就这样，京张铁路的四处隧道全部打通，为铺轨作好了准备。

在铺轨过程中，遇到的最大困难是火车爬坡。有些地方山岭连绵，不宜凿隧道，坡度又太大。如果让火车沿坡直上，行车一定十分危险。于是，詹天佑在青龙桥段设计了"之"字形路线，让列车依着山道折返式前进。这样，火车登坡的斜度便大大降低了，保证了行车的安全。

1909年，京张铁路全线通车。这是中国铁路史上一个永远不能忘怀的日子，一位中国的工程师，带领中国工人，克服了重重困难，铺成了一条属于中国人的铁路，张扬了中国人的志气。

辛亥革命后，詹天佑被任命为汉粤川铁路督办，他欢欣鼓舞，立即投入了中南至西南铁路大动脉的建设。可惜北洋军阀连年内战，外国工程师又处处作梗，过度的劳累损伤了詹天佑的身体，1919年4月，59岁的詹天佑心脏停止了跳动。

今天，只要你到青龙桥车站走一遭，你就会看到月台旁矗立着一座青铜像，那就是詹天佑的像。他目光炯炯，正视前方。目光里，既有他企盼的川中铁路成功后的喜悦，又有对更远大目标的向往。

·中国制造飞机第一人·

　　冯如是中国第一位飞机制造师，他1883年出生于广东恩平县，12岁随舅舅去美国旧金山，先当勤杂工，后来学习机械制造技术，1906年开始学习飞机制造，很快取得了成功，在1909年全美比赛中创造出飞行世界纪录。1911年回国，被孙中山任命为广东革命军陆军飞行队长。第二年不幸因飞行失事去世，年仅29岁。

　　1903年，当美国莱特兄弟第一架飞机飞上蓝天的时候，冯如已经在纽约事业有成。他在无线电通讯技术出现不久，就根据马可尼的原理，制造出了一种既能发报又能收报的无线电报机，质量上乘，所发电码灵敏、准确，销量不错。

　　随后，冯如立即看中了莱特兄弟的发明。他觉得飞机今后无论在运输还是在军事方面，一定能发挥重大作用，积弱已久的祖国，需要这种当时最先进的科技产品。于是他断然中止了能够给自己带来财富和地位的无线电行业，决心献身于航空事业。1907年，他在旧金山华侨的支持下，到奥克兰租了间厂房，正式创办了飞机制造公司。

　　创业的日子十分艰难。资料不全，冯如他们就天天跑图书馆，收集从滑翔机到内燃机的一切资料，凑集起来，构成全机框架。为了使制造飞机有把握，他们就先造飞机模型，然后依照模型复制飞机。一年的努力没有白费，他们博采众长，终于造出了第一架飞机。

　　飞机运到了哥林达试飞，可是，飞机尚不成熟，试飞没有成功，冯如他们正在研究改进飞机的方案，奥克兰又传来了坏消息，真是祸不单行，奥克兰那边的厂房失火，所有的设备付之一炬，现在，除了一架不能飞的飞机以外，冯如他们几乎两手空空了。

有为祖国造飞机的强烈愿望，冯如和助手们即使白手也要起家。他们就在哥林达试飞场旁边，架了个工棚，重新开始了飞机制造，到1909年年初，他们的第二架飞机终于制成，又投入了试飞。

这一次，冯如驾驶着飞机升上了天空，可是，刚刚起飞，飞机就来了个倒栽葱，幸亏飞得不高，冯如才侥幸死里逃生。这时候，当初募集到的资金已经用完，家乡的父母也希望他回国，冯如却下定了决心，造飞机是为了强国，造不成飞机决不回国。

多次失败让冯如静下心来，仔细考虑失败的原因。他反复琢磨，发觉基本构件、发动机等都没问题，失败的原因是飞机的平衡不好，操纵的机械也不符合要求。机械方面是冯如的老本行，改良不成问题；平衡问题是个新课题，非好好研究不可。

冯如多方观察鹰在天空的飞翔，又向附近人家借了只鸽子测量身长与翼长的比例，向飞鸟学习，改进自己的飞机。这一次，机翼、方向舵、螺旋桨以及内燃机都经过改良，由冯如亲自动手，参加制作。造成之后，第一次试飞，航程就达到800多米，是莱特兄弟飞机的三倍还要多，中国航空史翻开了第一页。

第二天，加利福尼亚的报纸上出现了一个醒目的标题："中国人航空技术超过西方！"这在中国被称为"东亚病夫"的20世纪初，简直是一个无法令人相信的奇迹，冯如实现了这一个震惊世界的奇迹。

冯如回国不久便去世了。广东革命军政府用阵亡少将的礼节，把他安葬在黄花岗七十二烈士墓的一旁，让这位替祖国争光的卓越的飞机制造师，跟辛亥革命的烈士一样，永远受到后人的景仰。

·"童鱼"的爸爸·

　　我国著名的生物学家童第周是浙江宁波人，1902年出生在农村一个当塾师的穷秀才家庭。在非常困难的条件下，他读完复旦大学生物系的课程，又只身赴比利时求学，取得了博士学位。回国后，他一边在大学教书，一边从事细胞遗传学的研究，证明了近亲生物卵细胞内的核酸能互相影响，发生诱导作用，使后代发生变异。这一成果，得到世界科学界的公认，1979年在他去世前，因为这些成就几乎取得世界科学的最高奖项诺贝尔生物学奖。

　　当童第周开始研究细胞遗传问题的时候，离奥地利科学家孟德尔发现生物遗传规律已近百年，离美国科学家摩尔根找到遗传的因子基因，也有了几十年，但是，这项科学还是一门新兴的学科，其学说还有许多不完善之处。就科学研究手段来说，童第周绝对不比外国同行们差，早在20世纪30年代，他就曾在比利时用自己的双手，第一次剥离了青蛙卵的膜，震惊了欧洲生物学界。在这个领域，他完全有能力赶超世界先进水平。

　　况且，他对摩尔根的学说还持有分歧意见，他认为，生物的基因能决定生物的性状。种瓜确实能得瓜，但是，遗传物质的各个结构也应该相互联系，相互制约，改变了遗传物质中的一部分内容，遗传性状应该会发生变异。到那时种了瓜，不一定就结出同样的瓜，长出的可能是变异了的新种瓜。

　　相似的学术观点，让两位科学家站到了同一条起跑线上。1972年，美国费城坦普尔大学生物教授牛满江来华探亲，找到了旧友知音，他跟童第周约定，双方在这个项目上合作，选择鱼类家族中的近亲金鱼、鲫鱼和鳊鲅鱼作研究的第一步实验对象。

1973年春天，童第周如约开始了自己的实验。他要给金鱼的受精卵做手术，移植细胞核。他用灵巧的手，用尖利的钢镊夹住了一个细胞，细胞太小了，手不能有一丝一毫的颤动，一点点不规则的移动，在显微镜下就会出现大幅度的摆动，那个娇嫩的小生命就会变成一摊蛋白质。童第周早已精于此道，他左右手各执一把钢镊，只轻轻一撕，金鱼受精卵的膜便撕成了两半。接着，童第周又在显微镜下，用一根比绣花针还细的玻璃管，完完整整吸出了金鱼卵中的细胞核，注射到已被吸去卵核的鳊鲅鱼卵中。

按照基因学说的理论，这个卵的核既然是金鱼的，它应该长成为一条金鱼。但是，几天之后，童第周他们发现，鱼卵的胚胎，竟然长得像鳊鲅鱼胚胎一般，金鱼受精卵的核，居然无法保证自己变成金鱼。卵内物质相互制约的观点第一次得到了证实。

可惜的是，这次实验的卵都没能长成大鱼，结论缺少实物作证。于是，童第周决定做第二次实验。这次要做的实验，是从鲫鱼卵中，提纯它的核酸，然后注射到金鱼的受精卵中去，看会不会对金鱼的遗传状况发生诱导性变异。

实验室提纯了的鲫鱼卵核酸，用最快速度送到童第周的工作台上，他把这种看来清澈无比的液体注射到金鱼的受精卵内。这一次，童第周一连工作了八个小时。这位年愈七旬的老人坚信："科学研究应该是每个人具体的工作，不能由别人来代替。"

到初夏的时候，这些实验对象都长成了大鱼，在本该是清一色的金鱼中，居然长出了一些"怪鱼"，它们虽然满身金灿灿的鳞片，却没有裙幅似的鱼尾，而只有一条单尾，像鲫鱼尾巴似的单尾。鲫鱼的核酸，影响了它们近亲金鱼的遗传，发生了变异。

有人把这种怪鱼称作"童鱼"，那么，为它们的诞生耗尽了心血的童第周教授，就应该是它们的"爸爸"了。

·慧眼识英才·

华罗庚是我国当代伟大的数学家，这位出生在江苏金坛的数学奇才，全靠刻苦自学，在纯数学领域和数学的应用方面，作出了举世瞩目的成就。从20世纪30年代初他步出江南小镇，到20世纪80年代倒在日本数学讲坛上，他的一生是奋斗的一生、成功的一生、光辉的一生。

尽管华罗庚自小便有数学天才，很为他的数学老师王维克赏识，但是，在民生凋敝的旧中国，因为家境困难，他只读到初中毕业，便早早地辍了学，回到江南小城，在他父亲开的不景气的小店里，当一名普普通通的店员。

此时，华罗庚并没有灰心，一有空余时间便遨游在他心爱的数学王国里，钻研那些别人无法看懂的题目。王维克老师没有忘记自己这位弟子，他当上金坛中学校长后，非常同情华罗庚艰难的处境，介绍华罗庚回母校当了一位事务员，18岁的华罗庚这才得以有更充裕的时间，研究王维克校长的藏书，在独立思考中逐步提高了自己的学识水平。

如果说，王维克老师以自己的热情，培育了一棵数学天才幼苗的话，另一双慧眼，则对华罗庚的成长起着关键性的作用。他就是当时清华大学的数学系主任熊庆来教授。

1930年，华罗庚从上海发行的《科学》杂志上读到了一篇数学论文，谈的是代数五次方程的解法，作者是苏家驹教授。华罗庚经过独立运算，发觉文章的12组行列式结果完全相反，于是，他写了一篇文章：《苏家驹之代数的五次方程式解法不能成立的理由》，文章公开发表在以后一期的《科学》杂志上。

这篇文章惊动了熊庆来。教授问周围的人，这位华罗庚是在哪一国留学的？接着又问，他在哪一所大学教数学？和他一样，周围的人都不知道。当时在场的有一位教师，是从江苏来的，接过《科学》杂志，看了一会儿，才说："我想起来了，我弟弟有个同学是叫华罗庚。他没念多少书呀，恐怕只有初中程度，听说现在在金坛中学当事务员。"

熊庆来听了，沉默了一会儿，胸中爱才之心油然而生，对大家说："这个年轻人真不容易，应该请他到清华来。"于是，一颗应该发光的珍珠，经过一双慧眼的识别，一双关爱的手擦拭，终于在清华大学这块知识的园地里熠熠生辉。

从此以后，华罗庚刻苦自学。又经清华大学推荐，以访问者的名义，到英国剑桥大学深造。在那里，他发现了"华氏定理"，解决了欧洲数学之王高斯提出的问题，成为了驰名世界数坛的大师级学者。

新中国成立后，华罗庚从美国携全家回到祖国，担任了数学研究所所长。有一天，他在来信中发现一封跟自己辩论的数学论文，作者是福州一中的教师陈景润，那位年轻人大胆地向华罗庚的名著《堆垒素数论》提出了挑战，指出了书中不够尽善尽美的方面。

经过了解，华罗庚知道了陈景润的遭遇。这位学数论的高材生，因为拙于口头表达，无法胜任教学任务，正在学校图书馆当管理员。那些独到的见解，正是他刻苦钻研的结果。

在这位年轻人身上，华罗庚发现了自己过去的影子，他断然决定，调陈景润来北京数学研究所，参加攻克世界难题的研究工作。陈景润不负恩师所托，终于在攻克世界著名难题哥德巴赫猜想的道路上作出了重大贡献，他发现的解题方法被公认为"陈氏定理"。

熊庆来慧眼识英才，华罗庚得以成为一名伟大的数学家；华罗庚慧眼识英才，陈景润得以发现通向数学王国皇冠之路。科学，就是要这样，发现一批批英才，去继续前人的创造之路。

·泰勒斯与橄榄油·

约公元前624年泰勒斯出生于现在土耳其境内的米利都城一个腓尼基名门望族家庭。他担任过雅典的执政官，是当时七大贤人之一，是古希腊第一位天文学家和几何学家，被称为西方自然科学的鼻祖。

可是，在当时，泰勒斯却被希腊人嘲笑为傻瓜。有一天晚上，泰勒斯一边专心地观察着星象，一边回家，没有注意脚下的道路，一不小心，摔进了路边的一口枯井里。幸好这口井不算深，他一边疼得哎哟哎哟直叫唤，一边挣扎着从井底爬出来。这狼狈的模样被附近一位女奴瞧见了，她赶快上前扶着泰勒斯，送他回到家中。

第二天，那位女奴逢人便说："那位腓尼基老头呀，真可笑。他只看到天上发生的事情，连脚底下有口枯井也没看见，真是蠢极了，雅典那些贵族还选他作贤人呢，嘻嘻。"于是，一位科学家跌进枯井的笑话便传遍了希腊，泰勒斯变成人们嘲笑的对象，也变成科学家太不切合实际的典型代表。

其实，人们嘲笑泰勒斯，决不只因为他曾经跌进过枯井。他虽然当过雅典城的执政官，但是他关心的绝对只有天文学和几何学；虽然他在从政期间也十分聪明、能干，但他对钱财却十分看轻，对生活小事从来十分超脱，认为那些俗务实在不值得自己关心。

因此，有很长一个阶段，泰勒斯十分贫困，有时候甚至无法度日。人们都说，知识有什么用？你看看那位腓尼基老头，要讲天上的小熊星座，讲到冬至、夏至，他什么都懂，他甚至还能推断出哪一天会发生日食，会推算金字塔究竟有多高。可是你看看他穿的，问问他吃了什么，你就会觉得好笑。唉，懂那么多知识，到头来落得一贫如洗,可怜啊!难怪他说"万物源于水"呢,每天,他大概只是喝些水了。

种种风言风语,在人们中传了许多时候,终于传进了泰勒斯的耳朵。他听到之初,只以为俗人俗见,不足一哂。后来,听得多了,泰勒斯倒也起了警惕,觉得自己虽然不在乎那些身外之物,但是让人家一边讥笑自己,一边连带讥笑自己钟爱的科学,实在说不过去。他暗暗下定决心,要让那些俗人看看,科学的价值究竟有多高。

有一年冬天,他仔细观察了天文,详细调查了物候,预测到第二年,橄榄一定会丰收。在希腊,橄榄是农业的根本。于是,他将自己所有的钱,还借了一笔钱,全都用来租用当地榨橄榄油的机房。

还是冬天,谁也不看重橄榄油机房,泰勒斯根本没有竞争对手。那些橄榄油机房的主人,巴不得早早地把自己的设备租出去,好多赚一点租金,便纷纷上门向泰勒斯出租,泰勒斯来者不拒,全都租了下来。

消息传出去,本来嘲笑泰勒斯的人更加觉得可笑,都说这呆子大概是疯了,干这种赔本的买卖,还一本正经的样子,想独占明年的生意,真是让人匪夷所思。

到第二年秋天,橄榄果然大丰收,果农们忙着找地方榨橄榄油,就只能来找泰勒斯商量。泰勒斯有的是榨油房,还是来者不拒。不过使用的人多了,租榨油房的价格当然就比平日要高出许多。即使这样,还要排着队,一个挨一个地才能轮上。

这下子泰勒斯发了大财,平日说泰勒斯如何如何的人,都不得不刮目相看,纷纷想从泰勒斯那儿学上一手,也可以发点小财。可是泰勒斯又像过去一般,除了天文学、几何学什么都不再放在心上。他要向人们表明的道理是:科学家要致富十分容易,只是他们对那些东西并不关注,他们的抱负在研究科学。

·奔赴疫区的医生·

希波克拉底是古希腊的医学大师，大约在公元前460年出生在希腊爱奥尼亚地区的科斯岛。他的家庭世代行医，因此他从小接受了良好的教育，在希腊各地行医，受到各地人民的欢迎。他把医学从原始巫术中拯救出来，形成了一整套理论；他制订了医德戒律，这便是西方医学界沿袭的希波克拉底誓言。因此，他被称为西方医学之父。

希波克拉底医术之高超，医德之高尚，可以从公元前431年左右雅典一次瘟疫流行中体现出来。在科学落后的古代，哪里发生了瘟疫，就像堕进了地狱。染上瘟疫的人，头部发烧，双眼发红，接着喉内发黑，溃烂淌血，满嘴腥臭，到了这种地步，人就没救了。

这种瘟疫传染极快，一家人中一旦有一人染上了，全家人不过几天都会染上，七八天后，当这家人无一幸免死光之后，他们的左邻右舍又都会被传染上。送葬的人转眼之间变成被葬的人，一条条街道上所有的人家都会死得空无一人。

雅典城瘟疫流行，尸横遍地。面对这种惨状，雅典人哭号、悲伤，恐惧万分，人人都怕染上瘟疫，能逃走的人都想着出逃。但是，周围的城市都下了禁令，不许从雅典逃出的人进城，整个雅典变成了地狱。

这时候，29岁的希波克拉底正应希腊马其顿国王的邀请，在他的皇宫里担任御医。听说雅典发生了瘟疫，立刻辞去御医的职务，要回雅典替病人治病。国王劝他，同事劝他，周围的人都劝他，要他千万别到必死之地去。世界上还有更多的人需要他。

可是，医生的职责在召唤，他说，假如一位医生不能急病人之所急，他就失去了当医生的资格。医生不能只贪恋自己的生命和荣誉。希波克拉底终于辞别关心自己的人，义无反顾地来到雅典。

到了雅典，希波克拉底立即投入了紧张的工作，他到染病的人家，接触到许多患者，千方百计减轻他们的病情，即使是重病人，也尽量减轻他们的痛苦，并且努力提高未患病的人的抵抗力，教他们如何提高自身的抵抗能力，用药物帮他们刺激肌体的自然抗病能力。

几天之后，希波克拉底感到，自己这样做，只是杯水车薪，绝对无法扭转雅典瘟疫的现状，必须找出更好的方法，抑制瘟疫的流行。于是他开始作广泛的调查，希望在调查中寻找到控制瘟疫的根本方法。

真是皇天不负有心人，调查三天之后，希波克拉底果然发现了一个现象，全雅典到处瘟疫流行，惟有铁匠们聚居的地区，没有一个人来求医治病的。不仅如此，那地区的人，依然跟往常一样，天天生火打铁，个个汗流浃背，生活过得十分快乐。

是什么原因让这里的人能避开瘟神，活得那么健康？难道是他们的生活方式？一贯主张相信自然康复力的希波克拉底终于悟到了一条真理，熊熊的炉火能抵抗瘟疫的侵袭，让铁匠和他们周围的亲人健康地活着。

想通了这点，希波拉克底立刻吩咐，让全雅典遍地点起篝火堆，把那些危害人类的瘟疫埋葬在烈火中。人们信任希波克拉底，立刻按他的办法在全城点起火来。这个办法果然有效，火堆挽救了那些还未染上瘟疫的人。没过多久，瘟疫渐渐消退，雅典得救了，雅典人终于渡过了难关。

希波克拉底受到人们莫大的尊敬，他被称为神医。因为他挽救了雅典城，他被授予该城的荣誉市民的光荣称号。

·阿基米德的"铁爪"·

阿基米德是古希腊的学者。公元前287年生于西西里岛的叙拉古，公元前212年，叙拉古被罗马人攻占，他在围城战中遇难。他把自己的几何学、机械学知识，完全奉献给了自己的祖国。

年轻的时候，阿基米德在当时的文化中心埃及求学，在那里，他曾经发明了螺旋提水器。那是一个中空的螺旋体，把它斜放在水面。再不断地使螺旋体自左向右旋转，池子里的水就会从下面升到顶端，不断地洒在高处，这种机械，完成了"水往高处流"的梦想，在当时引起了极大的轰动。直到现在，地势低洼的国家如荷兰，还在采用这样的办法提水。

正当阿基米德如日中天、名声显赫之时，他的国家却遭遇到了前所未有的困难。当时，统治地中海北岸多年的希腊已经日渐衰落，意大利半岛的罗马日益强盛，叙拉古原来是希腊的一部分，当然要承担抵抗罗马扩张的责任。希腊已经不能依靠，叙拉古人就跟地中海南岸另一支强大的力量迦太基人结成了联盟。

没过多久，事实就证明，这个选择给叙拉古带来了灾难。它成了罗马人在地中海扩张的第一道障碍，罗马人要进入地中海，一定要先拔去自己家门口的这根钉子，罗马和叙拉古之间，就爆发了旷日持久的战争。

面对强大的罗马帝国，叙拉古的国王想起了自己的亲戚，声名远播的阿基米德，要他立即回国，为保卫自己的国家贡献自己的知识。阿基米德无论从国家的利益方面，还是从臣民亲戚的角度出发，都无法推辞自己国家和国王的邀请。他回到叙拉古，担任了宫廷科学顾问，开始制造防御城池的战斗武器。

　　一连好几次，罗马人的战舰都败在阿基米德制造的投石器之下。阿基米德制造出当时射程最远的投石器，让罗马战舰不敢逼近叙拉古城墙。即使有几艘战舰逃过了阿基米德远程投石器的攻击，驶近了叙拉古城墙，阿基米德另一批近距离投石器，也会把石块像冰雹一般倾泻到他们头上，逼得他们匆匆逃走。

　　阿基米德知道，光凭投石器还是无法阻挡罗马人的进攻。他对国王说，要制造一种滑轮，能抓住罗马人的整条战舰，把它扔进大海。当时，他的计划，国王还不肯相信，国王只当自己这位亲戚疯了。

　　阿基米德把自己的滑轮造成了，便请国王亲自动手试试。国王轻轻拉动了滑轮一端的绳索，不用费多少力气，停在海边的一艘沉重的战舰，立刻被吊起在空中，离开水面老高，在那儿晃晃悠悠。国王这才惊讶得叫出声来。

　　过了一阵子，罗马统帅马西努斯果然率领大军报复来了。这一次，他拥有60艘战舰，还配备了一个投石器平台，平台像个巨大的木排，根本不怕投石器轰击，他想这一次一定能战胜叙拉古人的投石器了。

　　不料这一次，叙拉古人却不再使用他们威力巨大的远程投石器，听凭罗马人大部分战舰驶进了叙拉古内港。这可是个攻陷叙拉古的好机会呀，马西努斯立即下达攻城令，只要投石器平台一旦准备就绪，就发动总攻。

　　正在此时，叙拉古城头突然伸出一根粗大的木柱。木柱上垂下一根铁索，铁索顶端装着巨大的铁爪。铁爪一下子钩住了一艘罗马战舰，没过多久，那艘战舰便被吊在了空中，船上的人纷纷坠入大海。木柱晃动起来，整个战舰被撞到城边的山崖上摔得粉碎。

　　一艘又一艘战船被铁爪抓住，很快被摔坏，罗马人惊叫起来："不要再跟那个几何学老妖怪打下去啦！他能造出神话里百手巨人的爪子，谁也不是他的对手。"

　　这以后，每次作战，只要叙拉古城头出现木柱，或者抛下一段绳索，罗马士兵都会草木皆兵，大声喊叫："快逃呀！阿基米德的爪子来啦！"

·埃拉托色尼大量地球·

埃拉托色尼是古代希腊的著名科学家，他大约生活在公元前275年到公元前194年之间。他通晓天文、地理、几何，是亚里士多德以来最著名的博物学家，因此，当时最有名的亚历山大城图书馆聘任他当了馆长。埃拉托色尼在那里一直工作到80多岁。

埃拉托色尼最出色的成就，最初是一张地图。他绘制的地图，西边到英伦三岛，东边到印度南端的斯里兰卡，北至里海，南至埃塞俄比亚。当时，这已经是全西方最出色、涉及范围最广的地图了。在他地图之外的区域究竟有些什么，就谁也不知道了。对这张集全希腊智者所知的地图，无论谁都钦佩不已。

可是，亚历山大城传出消息说：埃拉托色尼宣布，他要用几何学原理，推算出整个地球的大小，具体说来，就是要算出地球的周长。他的这个计划，立即招来了许许多多的怀疑：就凭他，能做到这一点吗？

希腊人是第一个相信脚下的土地是球形的民族，但是，东边和西边，是人们无法逾越的大海；北边，蛮族人聚居的土地一片冰天雪地；南边，过了埃塞俄比亚，会是什么状况，谁都不清楚，埃拉托色尼凭什么去推断地球的周长呢？

有人提醒大家，前不久，有位年轻气盛的天文学家阿里斯塔克曾经测量过太阳、月亮与地球之间的距离，还出了一本书。尽管他也采用了几何原理，说起来头头是道，可是，他得出的结论却实在叫人不敢恭维，明眼人一瞧便知道那数字实在荒谬。难道，被学者们尊崇的埃拉托色尼也要闹一场笑话吗？

于是，跟埃拉托色尼关系一般的学者们在暗中摇头，跟这位馆长过从甚密的人便私下劝他：为了自己好不容易建立起来的威望，千万不要冒这个险。成为众人嘲笑的对象，身败名裂的日子可不好受。可是，埃拉托色尼却全然不把这些担忧放在心上，他宣布，只要用一根木杆，就可以量出地球的周长。他的话，惹得好多人的眉头打起了解不开的疙瘩，让好多人的舌头伸到嘴外，久久缩不回去。

其实，好多几何学家都懂得求出球面周长的办法，只要测量出一段距离，也就是圆弧的长度，再算出这段距离对应于球心的夹角就行了。也有人知道，太阳光在不同地点会在木杆下投射出不同的阴影，假如在两个相当长的距离两端，在同一时间测量出太阳光在木杆下投射出的阴影不同的长度，也就可能算出那个夹角的度数。不过，这种测量太困难了，哪怕有一点点疏漏，推算的结果将会出现非常巨大的误差，谁敢去冒这个险？至于说只用一根木杆，那简直是在开玩笑。

然而，不管别人如何议论纷纷，埃拉托色尼却胸有成竹。他准备好一根测量的木杆，时间一到，就要开始测量地球的周长。至于究竟在什么时候，他不说，别人也无法知道。

这一天终于来到了。那是第二年的夏至日，天气晴朗，阳光不错。到上午埃拉托色尼才在图书馆附属的天文台平台上竖起了那根木杆。正午时分，他测量了木杆留下的阴影，然后作了简短的运算，对到场的人宣布：地球的周长应该是25万希腊里。

没有欢呼和喝彩，也没有人反对。大家都等着埃拉托色尼解释他的计算办法，那个数字太玄了，谁也不能相信，也无法否定。

埃拉托色尼镇静地解释："刚才，我测出，太阳光和木杆之间的夹角是7.2度。在同一时候，5000希腊里外的塞恩城(埃及的阿斯旺城)，太阳光可以直射到枯井的底部，那里太阳光与垂直地面的木杆的夹角应该是0度。那么，5000希腊里这一段圆弧相对地球的球心夹角也应该是7.2度，这段圆弧夹角是360度的50分之一，50与5000相乘，得到25万希腊里，它就是地球的周长。"

多么简单又多么聪明的推算！25万希腊里，相当于现在的4万千米，跟现在测得的地球子午线周长39940千米，误差只有0.15%，这是多么精确的结论。

·艰难的地理大发现·

在人类历史上，对后代的经济与科学影响最大的地理大发现，莫过于哥伦布发现新大陆了。克里斯托弗·哥伦布1451年10月出生于意大利热那亚一个纺织工人的家庭，他读书不多，却通晓四国文字，是一位水平不错的海员。自从读过马可·波罗的游记，又结识了意大利地理学家托斯堪尼里后，他坚信地球是圆的，可以从东向西，驾驶船只到自己日思夜想的中国去。结果却发现了新大陆，在欧洲掀起了一股航海热。他虽然没有实现自己的梦想，但在他去世16年以后的1522年9月，麦哲伦和他的伙伴，终于完成了环球航行。

哥伦布的发现新大陆之行，充满着神奇与艰险。他在1492年说服了西班牙伊萨伯拉女王，率领圣玛利亚号等三艘船，驶出了西班牙巴罗斯港。来送行的人，大多认为这是一次有去无回的航行。在人们的头脑里，向西航行，如果不死在海浪咆哮、魔鬼出没的海域，就会掉进深不可测的海洋无底洞中。但是，哥沦布却坚信，西边，海的尽头便是富庶的中国和日本。

三艘船航行到加那利群岛后，不得不对其中一艘进行维修。再往前去，就是海员们从未到过的海域。为了鼓舞士气，哥伦布不惜每天向船员们谎报"军情"，多报一天航行的距离。40天过去了，前边依旧是茫无涯际的海水。

第41天后，水手们突然在水天相接的地方发现了一片绿色，那是草的颜色。有草便会有地，大陆真的出现了！在一片欢呼声中，三艘船依次朝那片"草地"驶去。

一阵大风刚巧把三艘航船吹进了"草地"，哥伦布和水手们还没有来得及高兴，立即发觉他们进入的，是长满海藻的洋面。这里长满了繁殖力极强的马尾藻，它长着像章鱼脚一般的吸盘，会缠住所有的船只或漂浮物，而且整个海藻分布区域有450平方千米。

最初几天，海面上还有风，船还能勉强前进，等风停了下来，那些海藻白蛇般的茎便缠住船身，还能"爬"上甲板，往前延伸。水手们砍断那些海藻，四周立即弥漫出一阵恶臭，人们都以为遇上了魔鬼，吓得不知如何是好。

哥伦布下了命令，扬起风帆，不断地砍断纠缠着的海藻，努力冲出海藻区。整整搏斗了三个星期，靠一阵巨风，哥伦布他们才摆脱了马尾藻。死里逃生之后，再回头看那一大片"草地"，哥伦布他们依然不寒而栗。在靠风力航行的时代，那里确实是一处死亡之海呀。

出了海上坟场，三艘船依然在茫茫无边的大海上往西航行。这时候，水手们开始怀疑起哥伦布来，因为根据他的计算，现在应该早就到达了中国。哥伦布必须坚定自己的信念，往回走，淡水和粮食都无法维持下去，只有勇往直前，继续向西航行。

幸好这样的困惑并未维持多久。哥伦布开始发现，海面上已经出现芦苇，甚至有长满果实的树枝。陆地就在前面，人们兴奋起来，日夜往前赶路。终于在1492年10月31日，他们发现了陆地，那是一个平坦的小岛，岛上有人居住，而且十分好奇和友好地欢迎着哥伦布和他的水手。哥伦布给海岛起了个西班牙名字：圣萨尔瓦多，把当地的居民称作印第安人，他以为，这里便是东方印度海域的小岛。

这以后，哥伦布航遍了四周的岛屿，到了古巴，最后来到了海地岛，他把39人留在岛上，用损坏了的一只船造起一座堡垒，留下足够吃一年的食物。然后率领其余人，带着在当地找到的黄金和土特产开始返航。

1493年3月15日，哥伦布终于回到了西班牙巴罗斯港，完成了发现新大陆的艰难航行。他被女王封为海军司令，他的航行，震惊了整个欧洲，掀起了新一轮的航海热潮。

·科学革命的开端·

　　推动整个近代科学革命的，是波兰的天文学家尼古拉·哥白尼，他1473年2月出生在波兰维斯瓦河畔的托伦。他在克拉科夫大学学过医，23岁时又来到文艺复兴的策源地意大利，在那里培养了对天文学的兴趣，掌握了观测天文的基本技能，对托勒玫的天文学产生了怀疑。回到波兰后，他在弗龙堡教堂任职达30年，一边替教区的穷人治病，一边潜心研究天文学，直到他将近70岁时，才准备出版自己的著作。1543年5月，当第一版《论天球的旋转》送到哥白尼病床上时，他已经中风了好几个星期，没过几天，他便与世长辞了。

　　在哥白尼的时代，科学还是教会的婢女。托勒玫的天文学说统治了人们的思想1500多年，因为这种学说把地球视为宇宙静止的中心，太阳、月亮、星星成圆形的天穹围绕地球旋转，而且组成尊卑分明的许多层次，只有在最高处，才可以窥视到上帝的尊容。一切都符合上帝创世的学说。

　　为了证明这种"学说"，托勒玫们给行星们安排了80多个轮子，用来解释行星的不均匀运动。起初，哥白尼曾在罗马大学讲授托勒玫的天文学，解释那些谁也说不清的众多的"轮子"及行星的运动，每次讲课，他都要表达自己的不满，指出这种学说的谬误。课后，他还散发自己写成的太阳中心说的《概要》，受到学术界广泛的重视。

　　到了弗龙堡教堂，哥白尼开始有充裕的时间研究天文学，用观察和实验证明日心说的正确。他把城堡最高的箭楼作为自己的住所和天文台，夜复一夜作着天文观测，用观察的结果和精密的计算建立了科学天文学的基础。

在哥白尼的天文学中，太阳才是宇宙的中心，地球只不过是围绕太阳运行的一颗行星。它围绕一个轴自转，每天旋转一周，而一年围绕太阳绕一周。其他的行星，也像地球一样绕太阳旋转，旋转所需时间各不相同。这以外，便是恒星的天地，它们并不移动，成为地球和其他行星运行的参照。

为了证明地球是圆的，哥白尼请一位船长在桅杆的最高处挂了一盏灯驶出港湾。哥白尼目送船远去，看到那盏灯像太阳落山一般，渐去渐沉，最后降落到海平面之下，他说："看来，就连大海也是圆的。"

旧的天文学说认为，月亮在每月中膨胀和收缩一次。哥白尼在1497年3月，一个寒冷的夜晚，对月球掩没金牛座的亮星"毕宿五"的全过程作了观察，他发现，掩没这颗亮星的开始时并不是月亮放光的一面，而是月亮黑暗的一面，月亮的那一半并没有收缩，只是因为它围绕地球旋转，无法反射阳光。

一次次天文观察，一次次精确的计算终于可以确定日心说了。但是日心说却彻底动摇了教会的理论基础，他们对哥白尼恨之入骨，一个叫条顿教派的教派组织，在波兰组织了一批无知的人，到各个村镇大肆攻击哥白尼。他们让人们观察"移动的太阳"和"不动的大地"，然后煽动说："大家看啦，这种事傻子也看得清楚，而那个发疯的牧师，岂有此理地说，大地在动，而太阳不动！"哥白尼知道后，却只报之以微笑，他说："天地的运行，决不会因为这些笨蛋的嘲弄而发生变化。"

哥白尼的学说确立了地球在天体中的地位，它不是贬低了人类的尊严，而是给人类增添了光彩。它解放了人类被禁锢的头脑，创立了科学领域一个新阶段的开端。

·叛逆医生维萨里·

　　16世纪，是人类从黑暗的中世纪走向科学和文明的关键时期。在这个世纪里，哥白尼用日心说打破了统治世界上千年的伪科学的坚冰。和他一样，向教会的荒谬挑战的还有1514年出生在比利时布鲁塞尔的叛逆医生、解剖学家安德烈·维萨里。他大胆地进行了人体解剖，出版了《人体结构论》，向上帝造人的神话挑战，揭开了科学与伪科学在人体结构上的斗争，取得了辉煌的胜利。

　　在维萨里的时代，得到教会认可的人体解剖学说是由盖仑创造的。当时，教会绝对不允许对人体进行解剖，盖仑只能够通过对动物的解剖来附会人体结构，许多无法搞清的地方，便索性采纳《圣经》和教会的观点，因此谬误百出。这种极不科学的态度，当然不可能对人体种种疾病作正确判断，它严重地阻碍了医学科学的顺利发展。

　　维萨里出生于一个医生世家，向上追溯三代，他们家的人都是宫廷御医。于是维萨里得以在1533年进入巴黎大学医学院学习。在那里，只宣讲书本，教师们在课堂上重复盖仑的观点，有时候让屠夫或者理发师客串解剖动物作些演示。对这种不负责任的作风，维萨里十分不满。他白天听课，晚上便偷偷溜出学校，挖无主墓，偷绞刑架上的尸体，暗中进行人体解剖。到下一次上课，教授们在课堂上照搬盖仑错误观点的时候，这位叛逆的学生，就会用自己冒险从解剖中得到的正确知识跟教授们争论，往往弄得那些守旧的教授下不了台。

　　正因为如此，维萨里在大学毕业的时候，医学院竟然不肯授予他学位。但是，意大利帕多瓦大学，这个学风民主的大学了解到他在人体解剖方面独到的成就，破格授予他医学博士学位，并聘请他担任了解剖学教授。

帕多瓦大学民主的空气为维萨里创造了自由宣传科学的条件。他一改以往解剖课只背教条的做法，亲自为学生们作人体各部分的解剖，对盖仑的错误，他都毫不含糊地指出来。他的课，受到学生们的热烈欢迎。他的学生法娄皮欧继承了他的事业，带出了法布里修斯这样的学生，而法布里修斯，又是血液循环系统的发现者、英国科学家哈维的恩师，可见维萨里在医学科学史上地位之崇高。

维萨里留给后人最出色的科学成果，当数他的光辉著作《人体结构论》，这本书总结了他的研究成果，体现了那个时代的精神。

这本著作对当时流行的错误进行了毫不留情的批判。盖仑认为，人的腿骨与狗一样，是弯曲的，他却说是直的；教会的观点认为，亚当的肋骨比夏娃少一根，他却说男人女人的肋骨是一样多的；教会还认为，人有一块不怕烧、不会烂的复活骨，他却否定了这块骨头的存在；亚里士多德认为，心脏是生命和思想的中心，他却说只有大脑和神经系统才能承担这些高级活动。这些说法，当然会引来神学家和保守派的不满，维萨里跟他们展开了激烈的斗争。于是，即使是自由的帕多瓦大学，也无法留住叛逆的医生了。1544年，他只得去西班牙当宫廷医生。

即使如此，教会还是不肯放过他。过了20年，宗教裁判所诬以"搞活人解剖"的罪名判处了维萨里死刑。由于西班牙王室出面调解，宗教裁判所才把死刑改为流放，下令他去耶路撒冷朝圣"赎罪"。

年方半百的维萨里被迫踏上了遥远的流放之路。1564年，在返回的途中，他乘坐的船遭到破坏，全体乘客被困在赞德岛上。维萨里，这位叛逆的勇士再也没能回到欧洲，病死在赞德岛上。

·烈火中的科学卫士·

　　哥白尼虽然在1543年临终时出版了他的天文学著作，但教会的伪科学仍然统治着学术界，谁要是宣扬日心说，就会被认为是离经叛道而受尽迫害。这场斗争延续了100多年，产生了许多为真理而战的科学卫士，其中最突出的，便是意大利的乔尔丹诺·布鲁诺。

　　布鲁诺1548年1月出生在意大利那不勒斯附近一个叫诺拉的小镇上。父亲是位贫穷的军士，因此他只有靠自己的努力，才能获得成功。17岁的时候，他进了那不勒斯圣多米尼克修道院，当上修士后，才能获得他渴求的书本，从书本上学习到知识。

　　布鲁诺夜以继日，贪婪地吮吸着知识，很快就成为修道院里最出色的修士。但是，随着知识的增长，布鲁诺对书本上记载的东西产生的怀疑与日俱增。他对《圣经》上描述的上帝创造世界以及地心说十分反感，只是找不到否定它们的依据。

　　一个宁静的夜晚，布鲁诺在尘封的藏书中，发现了一本名为《论天球的旋转》的书，尽管书本的开头，有一篇署名为无名氏的序言，把这本书说成是"一套闹着玩的幻想"，但布鲁诺只翻看了几页，立刻发觉，这本布满灰尘的书正是他日思夜想的。里面有解决自己所有疑惑的答案。他如饥似渴地阅读，精心计算着书中提供的数据。多少个夜晚，布鲁诺都合不上眼，知识的钥匙打开了他的视野，叛逆之火在胸中燃烧。他毫不畏惧地在修士中间宣传日心说，还利用寓言形式嘲讽地心说是驴子不学无术大脑的产物。他的"胆大妄为"终于招来宗教裁判所的镇压，他被判为异端，不得不在1577年逃出了修道院，五年后，逃亡到了英国。

1583年的夏天，英国牛津大学的讲坛上，出现了被宗教裁判所缉拿的布鲁诺教授，他大胆地宣传日心说。他告诉大家，半个世纪之前，在波兰沿海的一座箭楼上，一位天才学者，用观察和计算推翻了统治科学界1000多年的地心说，他就是曾在布鲁诺祖国学习过的波兰天文学家哥白尼。布鲁诺接着说："我们感谢哥白尼，是他把我们从庸俗的观点中解放了出来，他让我们解放了的思想飞得更高更远。那些不动的恒星，也不是上帝镶嵌在天球上的金色的钉子，它们和太阳一样，也有自己的行星，而太阳只不过是无数恒星中的一个，因此，它也不是宇宙的中心，宇宙不可能有中心。"

布鲁诺的宇宙无限论和他的口才轰动了英伦三岛，很快传遍了欧洲。也招来了宗教裁判所更深刻的仇视。两年之后，布鲁诺离开了英国，不久在威尼斯被人出卖，落入了罗马宗教裁判所之手，被囚禁在黑暗阴沉的地牢之中。

长达七年的监禁和审判、非人的折磨、残酷的拷打并没使布鲁诺屈服，他坚信自己的观点，一丝一毫不向教会低头。1600年2月17日，宗教裁判所的刽子手们终于向布鲁诺伸出了毒手，他们要用火刑结束这位科学卫士的生命。

布鲁诺被押到罗马的鲜花广场，他勇敢地踏上了火刑台，他说："你们在宣判时的恐惧，比我迈向火堆时更强烈。火并不能征服我，未来的世纪会了解我，知道我的价值。"

布鲁诺被捆在火刑柱上，罗马教廷再一次向他招降，只要他肯忏悔，就可以免除他的死刑。但是布鲁诺坚定地说："不！我宁愿做烈士而牺牲！"他的嘴被塞进木块，他的脚下燃起了熊熊烈火。

而今，在罗马鲜花广场，在当初架起火刑柱的地方，矗立着布鲁诺的塑像，他凝望天空，依然在宣传那千古不变的真理。

·迷信在斜塔上破除·

意大利伟大的科学家伽利略1564年生于比萨，他命中注定要对科学的发展作出重大的贡献，也要遭受无数的挫折。他因经济问题无法从比萨大学毕业，后来却担任了这所学校的教授；他在天文学方面作出了巨大的贡献，却被宗教裁判所判处终身监禁；他打破了无数对前人的迷信，最后却只能违心地在忏悔书上签字，宣布自己的科学发现是异端邪说。虽然教会把他软禁在阿切特里直到他1642年去世，但是他的思想和科学发现却是永远囚禁不了的。

伽利略从小就不安分守己，他常常因为与众不同的看法使人们震惊。在当学生时，他即使在作祷告也心有旁骛，从教堂吊灯的摆动中发现了摆动定律，为日后钟表的发明打下了理论基础。

等到25岁，伽利略回到没毕业的母校当上教师后，他那种叛逆的思想和行为就表现得更突出了。他第一个要开刀的，居然是被比萨人奉为神明的亚里士多德。伽利略经过数学和逻辑的推理，指出亚里士多德的重物落地论断是错误的。

亚里士多德说：重物下落的速度比轻物要快。历代的学者出于对这位希腊权威的迷信，一代又一代传述他的结论，已经有1800多年。而伽利略却认为：如果让不同重量的物体从同一高度同时下落，它们应该同时落地。

伽利略的离经叛道立即引来一阵哗然，信奉亚里士多德的教授们纷纷指责伽利略，嘲讽他说："瞧，这就是想让羽毛和炮弹飞得一样快的傻瓜。"他们还煽动学生，反对伽利略，想要把伽利略赶出校门。

伽利略决定为科学而战,他要用实验证明亚里士多德是错误的。他选择了比萨斜塔作为实验的地点,要从斜塔的最高层,同时推落两个重量悬殊的铅球,按亚里士多德的说法,重100磅的铅球应该比重2磅的先落地,而且速度要快上几十倍。伽利略相信,事实绝对不会是这样。

实验的那一天,比萨斜塔下,远远地聚集了一大群人,有人想亲眼看看伽利略这位三十几岁的人如何向神圣的亚里士多德挑战,更多的人则是准备来看伽利略出洋相。教授们穿着紫色丝绒长袍,一脸的不屑与嘲讽;受他们煽动的学生叽叽喳喳议论着,有的甚至吹起了口哨,发出阵阵嘘声。

伽利略带着助手,在人监视下一步步登上了斜塔,来到最高一层的窗户口,同时把一大一小两只铅球推出了窗沿。两只铅球在众目睽睽之中往地面下落,砰的一声,只有一声,两只球同时落到了地面。这一声立刻打断了塔下那阵阵的喧哗,宣告了迷信的失败,证明了伽利略的科学真理。

但是,比萨这个伽利略出生之地,也是日后他遭受迫害的地方,传统的力量、教会的力量太强大了。那些迷信错误学说的教授们尽管亲眼目睹了伽利略的实验,却依旧寻找种种借口否定伽利略的实验结果,并进一步展开对伽利略的迫害。不久以后,比萨大学的校方找了个借口,把伽利略赶出了校门。

伽利略在朋友们的帮助下,离开比萨,来到了威尼斯,在帕多瓦大学当教授。威尼斯是一个思想开明、学术自由的地方,宗教裁判所在那里不能施展自己的淫威。伽利略在那里英雄有了用武之地,他发明了望远镜,对天文学作出了巨大贡献,他宣传了地球围绕太阳旋转的正确观点。直到伽利略因为思乡情切,回到比萨当上宫廷数学师后,才结束了他一生中在威尼斯最辉煌的阶段,而等待伽利略的,却是虚荣的头衔和无穷的折磨。

·为天空立法·

约翰·开普勒是继哥白尼之后又一位伟大的天文学家，他1571年生于德国南部瓦尔城，是一位职业军人的儿子。他一生有许多重大的发现，其中以行星运动的三大定律最重要。牛顿曾经谦虚地说过："如果说我比别人看得远些，那是因为我站在巨人的肩膀上。"牛顿所说的巨人之中，开普勒应该是一个。虽然他征晚年贫病交迫，1630年死于巴伐利亚的雷根斯堡，战争的动荡使他的坟墓荡然无存，但他"天空立法者"的声名，却永远留存在人们记忆中。

本来，开普勒并不适合研究天文学。他四岁的时候患了天花，留下了严重的后遗症；他的视力受到了损伤，以至于无法在简陋的条件下进行天文观测；他的双手也有残疾，不能灵活地操纵天文仪器。但是，他有敏锐的大脑、刻苦的精神、尊重实际观察结果的科学态度，再加上机缘巧合，这才造就了一代伟人。

开普勒的巧遇，首先是在杜宾根大学结识了天文学教授麦斯特林。这位教授在讲台上公开传授托勒玫的学说，可是对开普勒这样的数学奇才，他却把哥白尼的日心说倾囊相授。开普勒这位神学院学生，立即全面接受了日心说，成为哥白尼学说的拥护者。

迷上日心说之后，开普勒发现，哥白尼的学说在某些方面还存在着缺陷。于是，他利用数学计算和各种几何图形，试图解释行星的运行轨迹。他在1596年发表了自己的第一本著作，这本名为《宇宙的神秘》的书被当时的大天文学家第谷·布拉赫看到了，第谷·布拉赫十分欣赏开普勒的才智，邀请他当自己的助手，帮助整理自己的观察资料。开普勒于是又有了人生第二次机缘巧遇，1600年，他成为第谷·布拉赫的助手，当第谷·布拉赫去世以后，他又成为第谷·布拉赫观察资料的继承人。第谷·布拉赫终身从事天文观测，积累了大量资料却拙于总结归纳；开普勒有聪慧的大脑却无法作大量的天文观测。两者一旦结合，便促成了科学史上的伟大发现。

开普勒研究了第谷·布拉赫浩如烟海的资料，发现不但自己《宇宙的神秘》，就连以前所有的天文学解说，统统与第谷·布拉赫的实际观测数据不符。其中普遍存在8分的误差。究竟是谁错了？是天文学界所有的先哲，还是第谷·布拉赫？要推翻第谷·布拉赫是最容易的，因为他的资料从未公开过，但是，开普勒却宁愿相信第谷·布拉赫的观测结论，他认为，事实是一切科学结论的根据，必须尊重。

于是，开普勒选择火星作为研究对象，因为在第谷·布拉赫的观测记录中，资料最丰富的便是火星。经过艰苦的运算和思索，开普勒终于发现，从古代希腊一直到自己所崇拜的哥白尼，在行星的运行轨道研究中，一直遵循着一种唯美主义原则，把它看成了最完美的圆。其实，行星运动的轨道，应该是椭圆，太阳则位于其中一个焦点上。这个结论一旦作出，原来产生的8分误差，便得到了解释。这便是著名的开普勒第一定律。

紧接着，开普勒又发现了行星运行的第二定律和第三定律。三个定律将行星运行与太阳紧密地联系在一起，牢牢地确立了太阳系的概念，以前的一大堆本轮、均轮，连同开普勒自己的奇妙的几何体理论解说统统被清除，行星在太阳的引导下有条不紊地运行着。

根据自己的研究，开普勒在1627年出版了《鲁道夫星表》。这是当时最完备最准确的星表，在以后的100多年时间里，它从未被修改过，成为当时天文学家和航海者的经典，从这个意义上说，开普勒确实是一位天空立法者。

·哈维发现血液循环·

　　1578年4月1日，英国肯特郡福克斯通一个富农家庭里，诞生了一位男孩，他就是日后伟大的医学科学家威廉·哈维。他在伦敦开业行医，许多著名的人物都到他那里就诊，其中有英国国王和科学家培根。他于1657年在伦敦逝世，死后没有子女，便把所有财产都捐献给了皇家医学院。

　　哈维对科学最大的贡献是发现了血液循环。20岁时，他已从剑桥大学获得了学士学位，他向往获得更多的知识，便来到意大利的帕多瓦大学医学院继续进修。在那里，哈维不仅学到了丰富的知识，更学到了不迷信书本、崇尚解剖实验的优秀传统。

　　有一次，哈维去听法布里修斯教授的解剖课，法布里修斯在明亮的烛光下切开了一段静脉，指着血管里一片片瓣膜告诉大家：静脉中这些瓣膜有一种奇特的功能，它永远朝着心脏的方向打开，血液在静脉血管里只能朝心脏方向流动，当血液朝相反方向流动时，它就关闭。他坦诚相告，为什么静脉里需要有这种机构，自己也不清楚，希望学生们能揭示这种瓣膜功能之谜。

　　教授的一席话，让哈维深刻地感受到了学术自由的精神。他记得在当时的剑桥，教授们只允许学生死背书本的教条，即使是一些明显的谬误，也要学生死死背诵下来，当作金科玉律。就拿血液和心脏来说吧，他们要学生相信，心脏是血液的加热器，动脉和静脉中，血液就像潮汐一般，有涨有落，等等。显然都跟法布里修斯在实验中的发现大相径庭。

　　学术自由的精神，更燃起了哈维强烈的探究心，他开始研究血液在体内作循环的途径。哈维做了心脏的解剖，得出心脏能够容纳的血液是56.7克，假如一个人心脏每分钟搏动72次，那么每小时就会有245千克的血液从心脏通过，这个重量是普通人体的三倍。除非血液是经过一个封闭的血管系统不断循环，否则每小时245千克的血液流过心脏这一事实就不可能成立。

哈维想到了法布里修斯教授的解剖，既然静脉瓣膜只允许血液流回心脏，那么心脏的功能就是把血液压到动脉中去，这样便能实现血液的循环了。

任何假设都要用实验来证实，哈维又做了血液循环的活体实验。他用绷带扎紧人手臂的静脉，这时心脏会变得又空又小；他又用绷带扎紧手臂动脉，心脏立刻明显涨大。心脏、动脉、静脉的血液循环终于得到实验的证明。

于是，当他50岁的时候，哈维出版了他著名的著作《心脏运动论》。这部生理学史上的划时代著作开创了生物学发展的崭新一页，也确立了哈维在科学史上的不朽地位。

《心脏运动论》出版后，哈维的科学观点并没有得到医学界的承认。保守的学者挑剔地寻找着新学说的缺陷，宗教界则像以前一样，对每一种科学新发现都发动了猛攻。哈维却对那些无知的嘲讽和谩骂丝毫不加理睬，一边继续自己的研究，一边努力宣传自己的观点。

有一次，当时的国王詹姆斯一世带着自己的儿子，未来的查理一世，到哈维的诊所就诊，问起了哈维的《心脏运动论》，哈维当即给他们做了一个实验，用一头鹿演示了血液的循环。使得国王十分佩服，以后有人谈起这件事，无论是在位的詹姆斯一世，还是后来的查理一世，都明显地站在了哈维一边。

哈维的血液循环理论终于在他在世时得到了社会的公认。1654年，76岁的哈维被推选为皇家医学院的院长。他以年高体衰的理由，谢绝了这一荣誉。他死后几年，显微镜的发明使人们观察到了毛细血管，动脉与静脉间血液的循环得到了证实，哈维的理论也再一次得到了实验的验证。

·爱科学的市长·

　　盖利克是一位德国名门望族的后代，他1602年出生，早年游学于荷兰、法国和英国，是出名的工程师。战争将他的故乡马德堡变为废墟，为了重建家乡，他在1646年当上了马德堡市的市长，一直当了35年，卸任后5年，他在故乡病逝，享年84岁，著名的马德堡半球实验，就是他担任市长期间设计的，他是一位热爱科学的市长。

　　年轻的时候，盖利克就接触到整个欧洲学术界关心的真空问题。当时，围绕有没有真空的问题，展开过激烈的争论。那些赞成或者反对真空状态的人，大多采用亚里士多德学派的"雄辩术"作理论上的辩驳，貌似热闹却没有科学实验作依据。身为工程师的盖利克对这种作风十分反感，他认为，再多的优雅语言，再高明的争辩技巧也不如一个有说服力的实验。于是，他决定在自己的城市里用实验解决真空的问题。

　　和所有的科学实验一样，盖利克的实验必定要有艰难和曲折。当时，他能够利用的机械只有水泵，第一次，他在一只原来装葡萄酒的结实木桶里装满了水，用人力抽取桶里的水。盖利克认为，当桶里的水被抽空以后，桶里自然而然变成了真空。不料那木桶虽然箍得严严实实，一滴水也不会漏出来，但当水被抽干之后，空气却很快地从不会漏水的缝隙中钻了进去，第一次实验没有取得成功。

　　盖利克很快找到了实验失败的原因，他用空心的铜球代替木桶，再进行实验。这一次，当水从铜球中慢慢抽出的时候，再也没有出现漏气的现象，眼见实验就要成功，不料黄铜水泵却越来越难以用人力拉动，而且在一阵拼命使劲的抽水之后，铜制的圆球突然发出一声巨响，它被大气的压力压瘪了，圆球依然没形成真空状态。

两次失败招来了许多非议，那些对真空状态本来就抱着偏见的怀疑者，开始用盖利克的失败作为根据，证明大自然是十分厌恶真空状态的。因此，无论采取何种方法，都无法违背大自然的意志。

盖利克却坚信真空是可以制造出来的，失败的原因只是自己的实验设计得不严密。于是，他换上了更加结实的铜球，用来抵抗大气的压力，并且改良了自己的铜泵，使它更容易抽尽铜球里的水。

第三次的实验顺利多了，人工水泵不断地抽取铜球里的水，铜球结实的躯体再也不怕大气压力，直到把球体里的水全部抽尽了，铜球依然保持着原状。盖利克亲自开启了铜球的活塞，让空气漏进铜球去，用来证明球内确实连一点空气都没有。活塞开启了，进气口立即发出了尖锐的啸叫声，把在场的人吓了一大跳，而盖利克听到的却是胜利的号角，真空终于被制造出来了。

但是，盖利克的成功并没有得到公认。一些顽固守旧的学者依旧用他们如簧的巧舌，千方百计贬损盖利克的实验。为了让世人承认自己制造的真空，他设计了一个有趣的实验，搬到德皇斐迪南二世面前进行。

1654年，盖利克当着德皇和大批国会议员的面，把两个直径36厘米的铜制半球涂上牛油，对接好，再用抽水泵抽去水，制造出了一个真空状态的铜球，让两个马队分别拉两边的半球。

有趣的演示开始了，开头用4匹骏马往两边拉半球。尽管马夫们拼命抽打马匹，4匹马拉得气喘吁吁，直喷着气，那两个半球却依然粘牢，纹丝不动。可见大气压力大大超过了4匹马的拉力。

马匹逐渐增加，直至用上了16匹马对拉，那两只半球才"啪"的一声巨响，被拉成了两半，全场的人，包括皇帝和议员们，都惊奇万分，他们这才相信，铜球内部确实变成了真空，大气压迫着它们，不用16匹马，它们绝对不会分开。这个名叫马德堡半球的实验，终于让世人接受了真空和大气压力的概念。

·帕斯卡的实验·

　　17世纪，法国的奥弗涅，有个叫克莱蒙费朗的地方，诞生了一位天才的少年布莱斯·帕斯卡。他1623年诞生后，自小体弱多病，但是智力发育超群绝伦。在他短暂的39年生命岁月里，不但写了许多哲学和文学的著作，还发明了可以做加减法的齿轮计算器。特别在大气压的研究方面，他作出了巨大的贡献。

　　1642年，伟大的科学家伽利略逝世了，但是，他开创的科学事业却依然大踏步在前进。他的学生托里拆利做了一个实验，在一根一端封闭的玻璃管里装满了水银，然后用拇指封住开口，倒放在水银盆中，竖立起的水银玻璃管上端，水银迅速下降，但下降到离水银盆760毫米处，却不再下降。托里拆利认为是空气的重量支撑着玻璃管760毫米高的水银柱，而上端那段空出来的玻璃管里，应该是真空状态。

　　托里拆利的实验一经发表，立刻引来了整个欧洲学术界的巨大震动。科学界因为它感到振奋，看到了希望；而保守的伪科学以及宗教界却嗅到了危险。一时间，支持的意见和强烈的反对声音开始了又一轮斗争。

　　在法国，许多人斥责托里拆利的实验，宗教界指责它是另一个妖孽和异端，有些科学界人士也认为这完全违背了大自然的理性，他们认为，大自然厌恶真空，那根玻璃管顶端绝对不可能违背自然的规律。

　　但是，年仅20岁且有了许多发明创造的帕斯卡，却坚信真空在自然界不是不可能的，他要用自己的实验，进一步证实，托里拆利的结论是绝对正确的。而且，托里拆利用了水银做实验，再重复同样的实验已经毫无意义，因此他采用了法国盛产的红葡萄酒来做实验。

　　实验以前，帕斯卡就料想到，水银的比重是那么大，因此托里拆利只需要用一根1.2米长的玻璃管作实验，而红葡萄酒比重却小得多，必须定制一根长得多的玻璃管，经过计算他采用了一根14米长的玻璃管。

　　实验的顺序跟托里拆利一样，当那么长的玻璃管在二层楼高的台边竖立到红葡萄酒缸中的时候，所有在场的人都看到，鲜红的酒浆从玻璃管顶端往下降，降到一定高度，便不再下降了。红葡萄酒也可以得到一段真空，跟预想的结果一样，跟托里拆利的结论一致。帕斯卡兴奋得双颊出现一片潮红，孱弱的病体几乎无法承受成功带来的喜悦。

　　帕斯卡的实验并没有终结，他的思想已经超出了托里拆利的界限。他认为，既然形成真空的原因是大气的重量，那么，在高山上和平原上，形成的真空空间，应该是不一样的。他真想把同一个实验在高山顶上和平原上重复地做上一遍，测量一下玻璃管中真空的长度有什么变化。可惜他身体太弱了，爬山，实在是一种奢望。

　　于是，他请来了自己两位表哥，他完全信赖他们的诚实，也知道他们对科学的兴趣跟自己一样大。帕斯卡请他们各自带上一架托里拆利的水银管仪器，登上附近最高的多姆山顶，请他们到达山顶后，把水银柱的高度刻下痕迹，证实自己的猜测。

　　两位表哥十分乐意地接受了帕斯卡交付的任务，他们体格健壮，很快就攀登上了多姆山山头的那座修道院的最高点钟楼的顶上，各自在自己的仪表上作好标记，然后又小心翼翼地保护好仪器，回到了山下，交给在那里等得十分焦急的表弟帕斯卡。

　　事前，帕斯卡已经测算过钟楼顶端与山下的垂直距离，取到仪器后，他立即测量了水银柱两个标记之间的长度。经过简单的计算，他立即得出一个结论：每升高12米，水银柱便要下降0.1厘米。这个结论不仅证实了大气压的存在，还进一步证实了不同高度大气压是不同的，反过来可以用水银柱的高低，简便地测出山的高度。今天我们使用的大气压强单位——帕，就是为纪念帕斯卡而命名的。

· 显微镜之父 ·

列文虎克1632年出生在荷兰代尔夫特一个贫穷的家庭里，从小没读过多少书，成年后又开过服装店。他原不是位科学家，只因为自小喜欢磨制透镜，便自学成才，观察到了活着的细胞，先后被选为英国皇家学会会员和法国科学院院士，当他以91岁高龄，1723年在故乡病逝时，已经是位知名的学者，被称为显微镜之父。

荷兰是显微镜的诞生地，米德尔堡的眼镜制造商詹森就首先磨制出了显微镜。但是，最初的显微镜性能太差，放大倍数不够，观察的物质会变形，边缘还有颜色。当初，列文虎克曾经用那种显微镜观察各种布料，感到很不满意，于是萌生了自己磨制高性能显微镜的想法。

服装店的生意太繁忙了，列文虎克根本没有多少时间来研究自己爱好的磨镜工作。是继续依靠经商为生呢？还是从事自己心爱的事业？列文虎克必须在两者之间作出选择。

列文虎克决定走一条艰难的自学成才之路，他设法在市政府谋到了一个清闲的职位，去看大门。每天，他只要按时开关市政府的大门，准时敲钟报时，其他时间都归自己所有。他关掉了能给自己更多收入的商店，专心去磨制自己倾心的显微镜。尽管好多人说他太傻，他却一往无前，无怨无悔。

列文虎克虽然没有多少光学方面的知识，但是，他有改变显微镜的决心，经过实践，他磨制出的镜片，不像别人的那样使物体变形，四周也没有那种讨厌的色环，放大率也提高到200至300倍，他的显微镜是当时最好的，每磨制出一件佳品，列文虎克便找各种物体来观察，并把观察到的一切记录下来。

1675年，列文虎克在一只新瓦罐里取了一滴雨水，放到显微镜下。那滴雨水是那么洁净，用肉眼无论如何看不到里边有什么杂质。但是，到了列文虎克的显微镜下，水滴里却突然多出了许多活的东西，它们有的像根木棍，有的像一只草鞋，而且都有着一根根鞭毛，在水里划动着。这些是什么？列文虎克把它们统统称为水里的原生动物，并把这些物体的形状画了下来，记录它们的活动，写出文章，寄给了英国皇家学会。英国皇家学会是当时水平最高的科学机关，他们曾经观察到海绵体的细胞，那只是死了的细胞，现在，列文虎克却发现了活着的细胞，他的发现让学会十分震惊，从此学会跟列文虎克建立了经常的联系，鼓励他继续自己的发现。

列文虎克继续着自己的磨制和观察工作，过了一段时间，他终于又磨制出了倍数更大的镜片。在镜片磨制的最后一道工序，列文虎克一不小心割破了自己的手指，他的鲜血滴滴答答地落在工作台上。

列文虎克作了包扎，回到工作台。大脑里突然萌生一种想法：人的血液里会有些什么？现在观察倒是一个最好的机会。于是，他把桌上的鲜血，轻轻地涂匀，利用刚刚磨成的镜片，开始观察起来。

这一次，列文虎克有了更重大的发现，他惊讶地发现，自己的血液中有许多像车轮一样滚动的红色球体，他立刻把这一发现描画下来。接着，他寻找各种动物的鲜血，一一加以观察，他发现，无论是蛙，还是鲑鱼，它们的血液中都存在这种滚动着的"车轮"，这些红色的细胞都像中间凹的扁平轮体，而且无一例外，这些细胞的中间，有一个较亮的点，他称这种物体叫红血细胞，那中间较亮的一点叫细胞的核。

从1700年开始，他不断地把自己的发现报告给英国皇家学会，学会的成员对他的发现十分吃惊。10年之后，学会遴选他担任会员。同一年，法国科学院也选举他担任院士。一位自学成才的学者，终于成为科学殿堂的知名人物，他把自己的发现，统统写在《大自然的奥秘》一书中，留给后人去继续研究。

·拨开白令海上的迷雾·

维特斯·白令是出生在丹麦的俄国航海家，1681年生于一个贫寒的家庭，一度曾在俄国海军服役，到过印度，饱经风霜，经验丰富。从彼得一世开始，他两次寻找通往美洲的航线，于1740年发现了通往北美的航线，并于次年登上了一个荒岛，人们为了纪念他，把他发现的亚洲与北美间的海峡叫作白令海峡，把他最后居留的小岛叫作白令岛。

白令第一次到远东探险，是彼得大帝亲自指定的。当他回到彼得堡，准备第二次探险时，彼得大帝已经去世。彼得堡的科学界对他第一次探险取得的成果大加讨伐，指责他没有替俄国寻找到远东海洋中的"伽马大陆"。按他们的说法，在堪察加半岛以东的海洋中，存在着一大片所谓伽马大陆，再向东才是北美洲，谁要能首先登上这片大陆，就可以宣布它为自己的领地。对于这种荒谬的观点，白令早就嗤之以鼻，但他敌不过彼得堡那些权威，只得忍气吞声，等待时机，再进行新的探察。

1730年，女皇安娜取代了年幼的彼得二世。这位女沙皇一心想推行彼得大帝的计划，便再次任命白令出任庞大的探险队队长。过了三年，白令率领600人，再一次向西伯利亚出发，这时候，他已经是年近半百的人了。

他带着600人穿越道路极其艰难的西伯利亚，到达鄂霍茨克城，在当地伐木造船。等到把两艘长24米的航船打造成功，并正式命名为圣彼得号和圣保罗号时，时间已经过去整整七年。56岁的白令觉得这一次可以实现自己的理想，一直往东，去寻找北美大陆了。

可是，这时候，从圣彼得堡传来了科学院院士们的命令，他们执意要白令率队往东南方航行，去寻找太平洋中根本不存在的伽马大陆。白令拗不过那些固执的院士，只能从鄂霍茨克港出发，往南驶向茫茫的太平洋海域。

从6月4日起锚，两艘海船在无边无际的太平洋波涛里白白浪费了16天，还是没有见到一点点大陆的影子。6月20日，海上起了大雾，圣彼得号与圣保罗号失散了。这时候，白令果断地下令圣彼得号改变航向，往东北航行，他觉得，东北方才是自己梦寐以求的北美大陆。

到7月17日，在浓雾中航行了27天的圣彼得号终于等来了雾开日出的一天。当洋面上浓雾终于散尽，白令他们在一轮朝阳下，惊喜地看到了一座雄伟的山峰，它矗立在海岸线上，陆地终于找到了。

这块陆地究竟是所谓伽马大陆呢？还是北美洲呢？白令在附近小岛上作了科学考察。他发现，一个叫卡亚克岛上的土著居民身材中等，脸部扁平，肤色为浅棕，眼珠是黑色的，分明是北美大陆的土著居民。岛上还有一种只生活在美洲东部的益鸦，种种特征表明，这里不是所谓伽马大陆，而是北美洲，伽马大陆不可能存在。

结论有了，白令该考虑往回航行了，他下令沿着海岸线往西返航，一路上，他发现，一连串岛屿像铁链一般，往西延伸，而岛屿的北边，则是波涛汹涌的一道海峡。这些岛上有土著人，白令称他们阿留申人，整个铁链般的岛屿便被称作阿留申群岛。

由于耽误了半个多月的航程，圣彼得号在返程中遇到了极大的困难，船员们患上了坏血病，8月底，第一位病人死去，白令也卧床不起。偏偏在这个时候，他们又遇上了暴风雨，圣彼得号受到重创，只得在一个石崖岛上停泊，准备修好船再返航。这个岛上有很多狐狸，开始被叫作狐狸岛。这就是现在的白令岛。

12月18日，白令在岛上与世长辞。船员们埋葬了自己的船长，熬过了寒冬，又拆卸了船身，打造起较小的新圣彼得号，终于驶回了堪察加半岛，完成了白令生前的愿望。

·大自然给人类的惊喜·

电能曾是人类畏惧的对象，如今，它已经被人类了解和控制，成为人类征服自然的力量。在发现和认识电的漫长岁月中，生于1692年的荷兰莱顿大学教授穆森布罗克起了关键性的作用。他发明的莱顿瓶，第一次把电能储存起来，成为一种可以利用的能源。

早在古希腊时代，人们就发现用干燥的毛皮摩擦琥珀，琥珀能带上静电，能吸附细小的物体，于是，人们把这种奇异的现象称作"琥珀的"，也就是"电子"这一词的来源。人类对电的认识，在这个层次上延续到18世纪。首先是吉尔伯特发现了许多可以带电的物质，以后，英国卡尔特修道院的格雷，法国皇家花园的管家迪费，都对电的研究作出过贡献。他们发展了吉尔伯特的学说，指出绝大多数物体都可以带电，还各自用自己的身体作过实验，证明一直被称为"非带电体"的人体本身，也可带上电荷。

当时，尽管人们已经发明了起电器一类的产生静电的仪器。电还是一个转瞬即逝的神秘现象，只要起电器一停止工作，电就消失得无影无踪，人们无法对它进行必要的研究。人们盼望着，有一天人类会把电牢牢地抓在自己手中，对它进行研究。

这一任务历史性地落到了穆森布罗克的身上。他在一次令人震惊的实验中，体验到了电的冲击，证明了电是可以储存起来，并且对它进行了持续性研究。

那是1745年的一天，穆森布罗克与助手想做一个使水带电的实验。他们在一个玻璃瓶里装进水，然后把一根铜丝通入瓶中，塞上软木塞。穆森布罗克摇动起电器使铜丝带上电，并叫助手拿好玻璃瓶。

当助手拿起玻璃瓶时，不小心碰到了瓶口的铜丝，他被猛烈地电了一下，吓得大叫起来，险些把玻璃瓶扔到地上。穆森布罗克不敢相信助手的叙述，决定与助手交换位置，自己亲自尝尝被电的滋味。

起电器又摇动起来，助手感到已经到时间了，便让穆森布罗克去试试。穆森布罗克伸出右手，跟铜丝接触了一下，顿时感到从自己的右手到右臂，都受到了强烈的冲击，就像遭到雷电轰击一般，全身有一种难以名状的恐怖感，他脑子里闪过一种念头："这一次，我可要完蛋了。"

但这一点电还不足以伤人，穆森布罗克的实验证明了一个道理，玻璃瓶可以储存大量的电荷。消息传开，好多人都想做一个能储存电荷的玻璃瓶。尽管穆森布罗克一再劝告大家不必去冒这个险，但还是有许多勇敢的人继续去尝试遭受电荷的击伤。因为这种瓶是从莱顿大学传出的，人们就称它莱顿瓶。

莱顿瓶轰动了整个欧洲，许多人争相实验，最著名的是法国物理学家诺莱特的实验。他让巴黎修道院700名修道士手拉手排成一行，然后让队首的修道士拿好莱顿瓶，再让队尾的修道士握住瓶的引线。莱顿瓶放电了，一瞬间，700名修道士全被电击得跳起来，他们滑稽的举动证明了莱顿瓶储存的电荷能量。

在1761年穆森布罗克去世前的15年，美国著名的政治家、科学家富兰克林收到了伦敦友人送来的一只莱顿瓶，他被这神奇的储电器所吸引，便开始研究电，富兰克林通过莱顿瓶再一次把人类对电的认识大大向前推进了一步。

·拉瓦锡与化学革命·

　　1743年8月，法国巴黎一个富裕的律师家庭里，诞生了一个小男孩，他就是安东·洛朗·拉瓦锡。父亲想让他子承父业，当一位出名的律师，安排他到法学院读书，但是，拉瓦锡却对科学出奇地爱好，毕业后没有去当律师，而成为了著名的科学家。他在地质、物理等方面都有成就，而最出色的成就，是在化学方面。

　　18世纪中叶，化学科学还处在襁褓阶段。它没能摆脱炼丹术的影响，而且是医学的附庸，许许多多奇奇怪怪的说法充斥在化学界。有人说，一种元素可以轻易变成另一种元素：水可以使植物生长，变成了木；在一个密封的容器里放了水，把水煮干，容器底部出现一层渣滓，那就是说，土由水生成。还有人说，物质之所以会燃烧，是因为有一种叫燃素的物质存在。而有一位英国的"化学家"得到一笔5000英镑的资金，是因为她公开了一张治好首相胆结石病的单方，单方的成分居然是鸡蛋壳、蜗牛、肥皂、牛蒡子等等。化学学科等待一位天才把它从炼丹术中解放出来，成为一门独立的科学。这个任务，历史性地落到拉瓦锡肩上。

　　拉瓦锡开始重新审视那些得出荒谬结论的实验，他觉得只有从事实出发，才能得出正确的结论。他设计了一个全封闭的玻璃器皿，里边装有精确测量过的蒸馏水，然后对容器进行加热，水变成蒸汽，冷凝后又回到容器里。这样煮沸了100天，器皿里的水一点没减少，容器底部确实有像泥土一样的沉淀物，它的重量跟玻璃器皿损失的重量正好相等。事实证明，水绝对不会变成土，一种元素一般不可能变成另一种元素，化学从此摆脱了炼丹术的控制，那种妄想把铁变成金的神话便破产了。

拉瓦锡又重新考察了所谓"燃素说"的实验。他不惜使用最贵重的钻石，把它跟空气隔离，然后加热，证明没有空气，它不会燃烧。所谓物质含有燃素的说法便不成立了。

那么，空气又是如何参与燃烧的呢？拉瓦锡在密封的容器中放了铅和锡再加热，铅和锡表面产生了金属灰，过去的人只注意有了金属灰的铅和锡重了，但拉瓦锡指出，整个容器的重量并不增加，只有打开容器，让空气进入后，重量才增加，这说明，有一部分空气跟铅和锡发生了作用，形成了金属灰，这部分空气的进入，才使铅和锡的重量增加了。拉瓦锡把这部分空气叫作"氧"。氧的化学反应概念一建立，化学学科便进入了一个崭新的阶段。

在实验的基础上，拉瓦锡建立了一整套完整的化学体系。他在1789年出版了著名的《化学基本教程》一书，以氧化理论为基础，系统地揭示了化学的科学概念，奠定了化学学科日后的发展基础，化学实现了学科的革命。

拉瓦锡的化学革命使他成为法国皇家科学院的院长，人人仰慕的化学之父。但就在他致力于科学事业的同时，一场政治革命也在法国风起云涌。社会的动荡难免泥沙俱下，伤及无辜，由于拉瓦锡担任着皇家科学院的院长，而且又是当时法国政治最腐败的税收承包商之一，他首当其冲地成为革命浪潮的冲击对象。

据说，当时的革命领袖之一马拉也曾想进入科学院，但他提供的关于火的论文质量不高，遭到了拉瓦锡的反对，马拉跟拉瓦锡之间便结下了私仇。马拉的态度直接影响了当时的舆论甚至革命法庭。当拉瓦锡和其他税收承包商一同被逮捕之后，他很快便被判处了死刑。

好多人替拉瓦锡说情，呼吁法官注意拉瓦锡的科学贡献。但是法官的回答是："革命不需要科学家。"1794年5月，拉瓦锡被送上了断头台。当时法国著名的数学家和力学家拉格朗日说："砍掉他的脑袋只需要一刹那，可是，也许法国要等一个世纪，才能有像他这样的一颗脑袋。"

·从静电到电流·

莱顿瓶储存的是静电，它经过一次放电，便会消失。真正可以反复使用的是流动的电能，在发现这种电能的过程中，出生于1745年的意大利物理学家伏打起了决定性作用。他发明的伏打电池，经过爱迪生等人的改良，至今还在汽车、矿灯等重要工具上运用，几乎是使用时间最长的一种电源。

在18世纪那个科学尚未昌明的时代，几乎所有的重大发现都有一个偶然的机遇，有的还会产生激烈的争端，电池的发明也不例外。

流动的电的发现，纯属一种偶然。1752年意大利科学家祖尔策把银片和铅片放在舌尖上，当两片金属接触的时候，他感到舌尖上产生了一种奇怪的感觉。这种感觉绝不是味觉，但却能使味觉发生变化。当时，他并没有找到发生这种变化的原因。

过了30年，意大利博洛尼亚大学的医学教授伽伐尼在一次青蛙的解剖实验中，发觉只要用铜丝把蛙腿挂在铁格窗上，就会看到蛙腿的肌肉在抽搐。显然，在两种不同金属跟蛙腿相连时，会产生一种使蛙腿抽搐的电。他联想到海里的电鳗，认为这是一种动物电，它跟摩擦发生的静电不同之处只是在产生方法上不同。

伽伐尼的发现轰动一时，但是，意大利帕维亚大学的自然哲学教授伏打却对这种解释不太满意。他认为，这种电发生的本质，只不过是因为两种金属与湿的动物体相连而已，蛙腿不过是一种验电器，它的肌肉抽搐证明了电的存在。

1794年，伏打抛弃了肌肉组织，把两种不同的金属放在盐水之中，果然同样得到了流动的电荷，他把这种不同金属之间产生持续电流的设备叫做电堆。这样一来，在伽伐尼和伏打之间发生了激烈的争论，双方各执一辞，都有许多支持者，都制造出能产生电流的"电池"。一时间，双方无法分出胜负。

争论促进了对科学的研究。伏打从此用各种金属实验，在做了一系列实验之后，伏打终于发现了各种金属产生电的著名序列：锌、锡、铅、铜、银、金……他发现，只要将这个序列中前边金属和后面的金属在液体中相连，前者就带正电，后者便产生负电，金属在序列中相隔越远，产生的电就越多。这就是后人所称的"伏打序列"。

伏打序列的发现不仅使争沦越来越对伏打有利，造成伏打胜利的最终结果，还直接引起了伏打电堆的产生。

伏打根据自己发现的理论，制出了一种可以自己产生电流的装置。他把几十块铜片或银片，配上相同数量的锡片或锌片，在它们中间夹上同样多的马粪纸或皮革，这些纸或皮都在盐水或碱液中浸透，然后按照一定的顺序排列起来，就构成了伏打电堆。

伏打电堆让人们第一次有可能获得稳定而持续的电流。从此人们可以轻而易举地研究电的特性，而且还能够在电的流动中研究由此产生的化学现象，电化学于是也登上科学的舞台。电流的出现标志着一个电气时代已经开始，因此，伏打电堆的产生，在科学的历史上，具有十分重要的地位。

我们目前还在使用的蓄电池，实际上便是伏打电堆的改良。爱迪生把伏打的铜片换成了锌板，把他的盐水换成了稀盐酸。当蓄电池内部由于不断产生电流引起的化学变化使它不能工作时，可以再用逆反应的形式充电，恢复它的功能。尽管这种电池中的锌板容易被腐蚀，并且使用也有不便，但人们还是容忍了它的缺点，一直使用到现在。

·消灭天花第一人·

　　爱德华·詹纳是英国一位普通的医生，他1749年出生于英格兰格洛斯特郡的小镇伯克利。12岁时到一位外科医生处当了一名学徒生，1792年获得了圣安德鲁大学的医学学位，成为当地一位知名医生。在格洛斯特郡行医直至73岁，1823年在伯克利镇去世。要不是他开发和推广了牛痘接种技术，詹纳本应是一位最平凡的医生，是牛痘接种技术战胜了致命的疾病天花，也让詹纳成了世界知名人物。

　　天花是一种古老而且危险的疾病，它曾经在世界各大洲流行过。它传染性极强，有一段时期，居住在欧洲的每一个人，都在人生的某一个阶段得过这种传染病，其中20%的人不幸死去，另有15%左右的人痊愈后在脸上留下永远无法消除的疤痕。那些死者之中，儿童所占的比例特别大。天花成为人类最危险的传染疾病之一。

　　对于这种可怕的疾病，人们并不是一无所知，人们早就知道，得过天花的人就具有了终生免疫的能力。因此在中国，出现过采集轻度天花患者的疤浆，接种给健康人的办法，让健康人患上一场轻度天花，然后具有免疫力。这种预防的办法叫"种人痘"。詹纳本人在8岁的时候也接种过人痘，取得了免疫力。

　　但是，"种人痘"却有一个致命弱点，种了"人痘"，许多人还会留下难看的麻子，而且有2%的人会因此死亡，谁也不敢轻易去试着做这种接种。人们急迫需要找到一种更有效、更安全的办法来战胜天花。

　　战胜和消灭天花的历史性任务，落到了詹纳这位普通的英国医生肩上。詹纳经常到格洛斯特乡间行医，在乡间他听到小伙子们在开玩笑：你要讨一个脸上没有疤痕的老婆吗？快到奶牛场去，那儿的姑娘可是个个水灵灵的，绝对没有麻子。

说者无心，听者有意。詹纳开始研究这些话的实在意义。他深入到奶牛场，去调查挤奶女工不染天花的原因。詹纳发现，牛也会生一种类似天花的疾病，叫做牛痘，而且会传染给人类，奇怪的是，这种牛痘不仅对人类没有危险，而且痊愈后就会对天花产生免疫力。这是一种多么有吸引力的战胜天花的办法呀！

到1796年5月，詹纳已经确信牛痘能预防天花，缺少的只是直接的试验证据。这年5月，他从一位挤奶女工手臂上，取出牛痘脓疱的浆汁，接种给一位8岁的男童詹姆斯·菲普斯，菲普斯也像挤奶女工一样，手臂上长出了牛痘，很快，他的脓疱结了痂，留下一个疤痕。

几周后，詹纳大胆地给菲普斯接种了天花病人的疱浆。按一般规律，菲普斯该染上天花，无论轻微还是严重，他总得留下疤痕。可是，菲普斯却没有一点生天花的症状，他因为接种了牛痘，真的对天花产生了免疫力。

经过两年的试验，詹纳于1798年自费出版了一本简短的著作《种牛痘的原因与效果的探讨》，一石激起千层浪，这本著作掀起了防治天花的革命性变化。英国王室首先普遍接种了牛痘，接着，英国的陆军和海军宣布，对每一位官兵强制接种牛痘。这种方法的迅速推广，使人类完成了战胜天花的第一次巨大战役。

詹纳取得了成功，向全人类免费贡献了这一技术。他认为牛痘接种并不是自己首创的，他只不过发现和推广了这种现成的方法，他从未打算从中获利，他依旧在家乡当他的医生。

但是，人们并没有忘记他为造福人类作出过的巨大贡献。英国议会从1802年开始，两次给詹纳发放奖金。现在，当天花病毒已经完全在地球上被消灭之时，人们更不会忘记詹纳，这位消灭天花的第一人。

·劈波斩浪蒸汽船·

　　一向依靠人力、畜力和风力运输的人类，在瓦特改良蒸汽机之后，找到了更强大的动力。科学家、发明家纷纷试制各种运输工具，美国工程师富尔顿，就是开创水上运输工具的成功者。他1765年出生在美国，曾到法国潜心研究潜艇和蒸汽船，但是，法国人没有看到这种运输工具的巨大潜力，失去了在海上争霸的机会。富尔顿回到美国继续试制蒸汽动力船，最终取得了成功。富尔顿被公认是蒸汽轮船的发明者。

　　1806年，富尔顿得不到拿破仑的支持，只得黯然回国。蒸汽船没造成，反而欠下了一屁股的债务。当然，这位当过珠宝店学徒，又成为一名不错画家的美国人并不死心。他到处寻找合伙人继续自己的发明。美国人崇尚技术发明，对水上运输又十分迫切，富尔顿很快地找到了志同道合的伙伴。一位富有的农场主列文斯顿平生喜欢搞发明，他看上了富尔顿发明的价值，决定全力支持富尔顿的试验。

　　富尔顿改变了以往的船结构，创造性地采用了钢铁材料作船体，大大提高了船的排水量，使蒸汽机有可能装在船上，作为有效的动力。第二年他便造出了第一艘新汽船克莱蒙特号，在哈德森河上进行试航，从纽约到奥尔巴尼只用32小时，速度超过了当时最快的帆船。这种船航行十分平稳，大受旅客欢迎。富尔顿一鼓作气，生产了一批汽船，很快声名大震。

　　当时，克莱蒙特号采用的是明轮推进系统。由蒸汽机带动船旁巨大的叶轮，轮子旋转，推动船体前进，就跟车轮在陆地上带动马车前进一样。这种结构不利于提高船行速度，结构又不太牢固，只能在平稳的内河使用，无法适应波涛汹涌的水面，不能越海航行。

为了提高船的稳定性，富尔顿设计了船尾悬挂螺旋桨的方案，试验结果表明，这种推进方法比明轮优越得多，这种船开创了航运史的新时代。从此以后，水手们再也不必依靠反复无常的风作动力，也不必在风暴面前望而却步。它把江河湖海作为通道，将全球连成了一体。

想当初，拿破仑缺乏远见，没有理睬富尔顿的要求，他看不到蒸汽船在军事战争中的重要作用。但是，精明的美国人可不一样，他们很快地把新发明用到了军事上。1814年，富尔顿为美国海军制造了第一艘蒸汽推动的军舰，从此，海上战争也开创了新的时代。

当然，蒸汽轮船首先被广泛使用的，还是民用运输事业。1812年，继美国之后，英国也造出了自己第一艘蒸汽船"彗星号"，大致在同时，法国和德国也造出了自己的蒸汽船。蒸汽船成了西方国家的主要航运工具。

标志着蒸汽船占领大海的，是美国蒸汽帆船"萨凡纳号"1819年顺利横渡大西洋。美国是远离欧洲的一个国家，他们需要欧洲的先进技术和设备，也要把自己的农产品运到欧洲销售。当时，第一次横渡波涛汹涌的大西洋，他们还没有把握，便制造了这艘既用蒸汽机作动力，又装上古老风帆的远洋海轮。这艘船满载棉花，从美国的萨凡纳港出发，只用29天，便到达了英国的利物浦港。遗憾的是，富尔顿已经在1815年去世，他没能目睹这次伟大的航行。

19年后，英国第一艘完全使用蒸汽机推动的"天狼星号"也成功地渡过了大西洋。从此以后，海运进入了蒸汽机时代，一艘艘蒸汽轮船劈波斩浪，穿梭航行在茫茫大海之上。

·踏遍南美山和水·

　　近代地理学的创始人亚历山大·洪堡是德国一位军官的儿子，1769年出生在德国柏林。在他漫长的90年生涯中，他走遍了世界各地，采集了许许多多标本，创作了卷帙浩繁的巨著。当他1859年去世之时，他的数十卷巨著已经问世，给后来的科学家提供了丰富的资料，伟大的达尔文就从他的作品中得到了很大的启发。至今，德国、南美洲、新西兰甚至中亚，还有许多称为洪堡的地名，用来纪念这位伟大的博物学家。

　　1799年6月，是洪堡一生中历时最长的一次野外考察的开始，自小热爱大自然、热爱科学的洪堡，毅然抛弃了安定的生活，抛弃已经担任的政府官员职务，跟法国植物学家邦普朗在西班牙登上了"毕查罗"号海船，远涉重洋，踏上了南美洲的大地。这一年，他刚好30岁。

　　两位科学家在无路可走的密林中跋涉前进，洪堡经历着见所未见的新世界，他们勇敢地进入瓜科罗夜莺筑巢的洞穴，那里被土著人认为是死者灵魂的归宿之处，所以从来没有人探察过；他们骑着马趟过亚马孙河的一些源头的潭水，时刻提防潭水里的电鳗，一不小心，电鳗便会电击马的心脏，让马死在潭中；他们沿河而行，时时要提防张大嘴在沙滩晒太阳的鳄鱼群，每年都有好多土著人消失在鳄鱼嘴里。洪堡详细地记录着这些构成奇异大自然的现象和物种，准备介绍给外面的世界。

　　在土著人的村落，洪堡仔细调查那些原始部落的习俗，认为他们和文明世界的人一样，有着相同的特点。他从原始部落那儿学到了许多知识，甚至从那儿学会了寻找箭毒树的方法，像他们一样制造最原始、同时也是最致命的武器。

考察过丛林后，洪堡的目标指向高山，他记录了安第斯山的高度，他攀登到琴腊索山的一座高达5881米的山巅，观察高度对人类健康的影响，他创造的登山世界记录保持了29年。为了收集地球内部冒出来的气体，他深入到活火山口的深处。这一切，都给后人研究热带地区提供了宝贵的第一手资料。

在由秘鲁到厄瓜多尔的一次航行中，洪堡仔细地观察着海潮。别人都抓紧这一段时间在船舱休息，但洪堡却意外地发现，船正沿着一道海流向前航行，而且，这道海流与平日见到的并不一样，在海的下层水里，有一股海水正不断向海面泛起，上下两层海水的流速也似乎不同。

洪堡立即与同行的邦普朗，一同朝海面和海水深处投下了流速计和温度计。整个航行过程中，洪堡每两个小时记录一下流速和温度，当船到达厄瓜多尔的瓜亚基尔港的时候，洪堡已经掌握了一系列的数据，这些数据表明，他们此行一直在一道寒冷的水流之上前行，洪堡发现了大海之中确实存在的冷水寒流。

人们纷纷向洪堡祝贺，祝贺他发现了海洋的特殊海流，建议把这道寒流称作洪堡海流。洪堡谦逊地说，他只不过测量了一下水温与流速，称不上什么发现，并建议按地域来命名，所以，如今这道海流便正式命名为秘鲁海流。

洪堡在南美和中美考察，历时5年，1804年，两位科学家在古巴的哈瓦那登陆，基本结束了这次数万千米的科学考察。35岁的洪堡回到了欧洲，以后他虽然也到中亚等地旅行考察，但中南美的5年考察，是洪堡一生中意义最大的一次。根据这次考察得到的大量科学资料，他写成了30卷的《新大陆热带地区旅行记》。该书奠定了洪堡在科学史上的地位。

·从透景画到摄影术·

世界上第一种实用照相术的发明者是路易·达盖尔。1787年，他出生于法国北部的科尔梅伊镇，他自小学习美术，是一位不错的画家。到了35岁时，他对光靠画笔和油彩表达现实生活已经深感不足，想发明一种更加真实、更加生动的表现方法，把现实生活更生动、更真实地记录下来。

开始的时候，达盖尔还没有摆脱绘画的窠臼。他的改革，只是在自己表达全景的巨大绘画前，配上一系列特制的灯具，让画面明暗不同，清晰地表现出画面不同的场景，形成立体景观。这样，观看绘画的人，就产生了身临其境的感觉，渲染出画面的真实感。他的这种发明，在当时已经引起了轰动。

但是，达盖尔并不满足于对绘画的改良，他在推广透景画的同时，已经对照相术发生了浓厚的兴趣。他觉得，能够不用画笔和油彩，自然再现人间景观，要比任何绘画更真实，更能给人留下值得纪念的资料。

这个愿望，也许是多少年来人们追求的目标吧。几百年前，人们已经制造了暗箱，16世纪，卡尔达诺曾把透镜装上暗箱，代替了当时的小孔成像技术，这些都为照相机的发明创造了条件。不过，当时还没有底片，不能记录形成的图像。

到了1727年，约翰·舒尔茨发现，银盐的感光性很强，他把银盐涂在暗箱上，居然留下了一点影像，可惜这些影像只保留了很短的时间，就消失了。于是，舒尔茨也就中止了这个实验，丧失了发明照相机的大好机会。

在这以后，最有成就的实验要数约瑟夫·涅普斯了。他发现，犹太沥青也能形成图像，而且不会消失，于是他在1826年用这种材料，利用暗箱"拍"下了世界第一批"照片"，可惜他"拍"一次照，曝光时间长达8个小时，而且只是模模糊糊一个影像，因此，实用价值实在不大。

1827年，路易·达盖尔结识了涅普斯，两位志同道合的科学家结为伙伴，一同试制照相机械，不幸的是涅普斯在1833年生病去世，把任务留给了达盖尔一人。达盖尔耕耘不辍，继续为照相机问世努力。

达盖尔沿着自己跟涅普斯商定的办法制造照相机。他发觉，舒尔茨曾经使用过的银盐，比自己采用的犹太沥青优越。他用碘化银作涂料，曝光的时间从8小时减少到20分钟，这个时间，不仅可以用来"拍"自然景像，就是拍摄人像，被拍的人也是可以忍受的。照相机终于历经曲折而诞生了。这以后，达盖尔在底片上又添加了溴化银，两种银盐的混合，使拍照时间大大减少，肖像摄影变得更加实用可行。达盖尔的照相术终于变得完善起来。

1839年，达盖尔正式公布了自己的照相术，但是，他认为这并不是自己个人的成果，于是宣布，不申请专利。他的这种不居功的态度，受到许多人的赞扬，在公众中引起了巨大的轰动，达盖尔成为法国当时的英雄。

荣誉像雪片似的飞来，达盖尔的照相术得到迅速推广，而达盖尔却宣布立即退休，住到了巴黎附近的乡村。法国政府为表彰达盖尔以及他的合作者涅普斯，向他们的儿子发放了终生补助金，作为他们无私奉献的报答。

这以后，达盖尔就隐居在乡间，1851年，他在巴黎附近的乡间住宅溘然长逝。而他发明的照相术经过后人的改进，发展成现代摄影术，从反转片发展到彩色摄影，再发展成电影摄影技术，在这一领域，达盖尔是一位奠基人。

·谦逊的伟人法拉第·

　　在所有的科学伟人之中，法拉第可以说是出身最平凡、奋斗最艰苦的一位。1791年，他出生在英格兰纽因顿一个铁匠的家庭里，他的亲人，无一不在社会的最底层挣扎。法拉第14岁时就当了一家书店的装订员，这让他接触了大量书籍，靠自学掌握了科学知识。以后，他被著名化学家戴维招为助手，从此法拉第在电磁学上作出了划时代的贡献。他制造出世界上第一台电动机、第一台发电机、第一台变压器，总结出了电解第一、第二定律，提出了电力线、磁力线等科学概念。从此，人类开始步入电气时代。

　　从社会的底层进入科学的殿堂，法拉第时时会遭到误解，被人嘲讽和攻击。但法拉第面对这些误解却不以为然，一直保持着谦虚的本质，从不计较名声、金钱和荣誉，他的这种崇高的品质，一直为当时和以后的人们称颂。

　　戴维是法拉第的恩师，是他把法拉第领入了科学的殿堂，法拉第对戴维终生感恩。但是，法拉第并没有把真理和恩师的位置搞颠倒。1824年以前，戴维发明了矿工用的安全灯，这位科学家自称自己的安全矿灯是绝对可靠的。但是，法拉第却看出，这种灯并不安全。当政府官员前来调查时，他毫无保留地阐述了自己的看法，他认为，矿工的生命，应该比恩师的名誉更为可贵。

　　戴维知道了这件事后，不禁大为恼火。他对自己以前的助手多嘴多舌大为反感，心底里隐隐地升起妒意。这种阴暗心理使他对法拉第一直耿耿于怀。当1824年英国皇家学会选举法拉第当新会员时，只有戴维一人投了反对票。法拉第却没有把这事放在心上，他一直崇敬自己的恩师，认为他是"一位伟大的人"。

当上了皇家学会会员，各种荣誉和聘书接踵而至。1827年，伦敦法院以2.5万英镑的薪金聘他专任作证专家，他回绝了；同年，伦敦大学聘他当化学教授，他也回绝了。他知道自己无法胜任那些工作，他十分热爱自己的实验室，他宁愿过清贫的生活，也不愿去追求金钱和荣誉。

法拉第的成就和品质与日俱增，到他年老的时候，全国的人都认为他是英国当时最出色的科学家，皇家学会要选他担任这个机构的会长，授予他爵士的头衔。法拉第像以前一样，依然拒绝了这一切，还是每天到实验室工作。

有一天，皇家造币厂的一位雇员被派到皇家学会的实验室，请实验室主任法拉第解决一个实验问题。这位青年来到实验室，见到一个老头，穿着既普通又破旧的衣服，便用一种莫名其妙的眼神望着他，并问道："看来，你在这儿工作了很多年吧。"

老人一笑："是呀！好多年啦！"年轻人以为他是个看门人，便又问："干了这么多年，他们给你的工钱一定不少吧？""是呀，不过再多给一点，我也用得着。"

听老人回答得奇怪，年轻人不禁问道："啊，那么，老头，你叫什么名字？"老人淡淡一笑："我就是你想找的法拉第。"年轻人听了，张大的嘴半天闭不拢。想不到一位大名鼎鼎的科学家竟是如此朴实平凡。

法拉第就是这样一位伟大的科学家。如果要用一句话来概括，那就是法拉第拒绝当皇家学会会长时说的那句，当时，廷德尔教授把决定告诉了法拉第，法拉第却说："廷德尔，我决心一辈子当一个平凡的迈克尔·法拉第。"他是一位甘当平凡的人，却又是一位极不平凡而伟大的科学巨人。

·为真理别无所求·

1809年2月12日，英国一个医生的家庭里，诞生了一位男孩，他就是查理·达尔文。按当时的习惯，他本应子承父业，当一位医生，但是，达尔文从小喜欢自然科学，于是走上了另一条道路。虽然他曾在神学院就读，也曾坚信世界万物都是由上帝创造的，但是，1831年12月，这位希望献身自然科学的青年随贝格尔号巡洋舰作了一次环球航行之后，便彻底抛弃了"神创论"、"物种不变论"，建立起了进化论的科学体系。

贝格尔号上艰苦的生活，严重地损害了达尔文的身体，从1836年开始，他便在家中整理自己的考察材料，陆续出版一些专著，并编著自己学说的提纲，准备出版一本系统地表达进化论思想的著作。

早在1839年，达尔文已经写了《物种起源》的暂定提纲，1842年，他把这个提纲扩写成35页，两年以后，又扩展为230页的手稿。本来，他的这份手稿已经可以付印，跟读者见面，但是，达尔文还想继续验证自己的材料，尽量检查核对一切，让自己的结论更有说服力。这一拖，足足把《物种起源》的出版拖后了15年。

到了1858年，达尔文已经把《物种起源》一书润色完毕，准备出版。这时候他收到了一封远方来信，在马来西亚考察的英国自然学家华莱士寄来了一本有关进化论的创造性著作，其观点跟达尔文潜心研究了20年的《物种起源》不谋而合，这位年轻的科学家还谦虚地请求达尔文就他的著作给予坦率的批评。

此时达尔文面临一个两难的选择：要么抛弃自己终生为之奋斗的进化论专著，向全世界介绍，华莱士是进化学说的创始人；要么置华莱士的请求于不顾，按照自己的既定计划，抢先出版自己的《物种起源》。无论选择哪一项，达尔文都会遭到巨大的损失。

经过反复思考，达尔文决定把进化论的发现权归于华莱士，他说："我宁愿将我的书付之一炬，也不愿华莱士或其他人认为我是一个市侩。"他表示，除了宣传真理，他没有任何其他的要求，他要向华莱士表示，自己愿意为华莱士的著作帮忙。

达尔文的决定立即召来他的朋友和学生的反对，朋友们劝他出版自己的书，认为他20年的艰苦劳动绝不能白白丢掉，那样做太不合理，太不公平。他的学生甚至认为，华莱士一定见过或听说过达尔文的提纲，否则不会跟达尔文的提纲那么丝丝入扣，他肯定是个剽窃达尔文观点的骗子。

"谁也没从我手中夺过什么东西，"达尔文激动地说，"即使华莱士手中有我1842年的提纲，也不可能写得如此精彩。何况，他那时只是个19岁的学生，他的进化论观点是15年后在马来西亚考察时发现的。"达尔文博大的胸怀得到了所有人的尊敬，他的好友赖耶尔博士提出了一个折中的方案，把两人的论著一同发表，并由编者写一个公正的按语来澄清可能产生的猜疑。

一场可能造成争执的事件就这样解决了，华莱士知道后，立刻公开宣布放弃进化论的发现权，他认为，自己由于偶然的幸运，才得以在原来应单独归功于达尔文的发现中荣膺了一席。两位科学家就是这样，以牺牲自己的利益来替对方增光，体现出了他们崇高的品质。

第二年，《物种起源》正式出版，第一版被一抢而空。三年之后，这本伟大的著作已经发行到第五版，被译成三种外国文字。《物种起源》的出版虽然引发了科学与神学的一场斗争，但斗争终以进化论胜利而告终。到1882年，达尔文逝世之时，他的理论几乎已被所有的人接受了。

·笔尖上发现的行星·

　　1781年，赫歇尔偶然中发现了天王星，天文学家们根据牛顿的万有引力定律原理给它绘制了运行表。不料刚过50年，这张运行表跟天王星实际运行的路线发生了误差。于是，天文学界发生了一场争论。有人认为，天王星之外，一定还有一颗行星，是它影响了天王星的运行；另一些人干脆说，牛顿的万有引力定律还有缺陷。为了捍卫牛顿的学说，法国天文学家勒威耶通过计算，"找"出了一颗新行星，它便是太阳系第八颗行星海王星。

　　勒威耶1811年出生于法国一个穷苦的家庭(逝世于1877年)，为了送他去巴黎读书，他父亲甚至不得不卖掉家中一间房子。大学毕业后，他发现自己的特长在天文学方面，于是决定回母校当天文教师。他给自己制定了一个研究课题，用数学计算的方法证明太阳系的稳定性。

　　这时候，天王星反常运行现象被吵得沸沸扬扬，勒威耶正在研究太阳系的"七大行星"，无可避免地一定要卷入这一场争论中去。他是牛顿万有引力的崇拜者，他确信一定有另外一颗没有被发现的行星在影响天王星，他决定用数学计算的办法，找出那颗行星来。

　　科学是来不得半点虚假的。勒威耶运用自己精确的计算，在万有引力的科学理论指导下，作了大量的工作。到1846年，他已经计算出那第八颗行星的运行轨道、它的质量和目前所在的位置，写出了论文并提交给法国的科学院。但是，巴黎的科学院和天文台当时都没有那一个天区的详细星图，无法进行实际观测。勒威耶只能把自己的论文寄到柏林去，请求自己的德国同行支持。

　　9月18日，德国柏林天文台的伽勒接到了勒威耶的信："请您把望远镜指向黄经326度宝瓶座内的黄道一点上，您将在离此点约一度的区域内发现一个浑圆的新行星，它的亮度约为九等，它就是我们努力寻找的太阳系第八颗行星。"

伽勒接到勒威耶的信，当天晚上就按要求把天文望远镜对准了那个天区。他仔细地记下了观察到的每一颗星，然后与自己那张详细的星图进行比较。果然，他在勒威耶指定的位置以外52角秒处发现了一颗星图上没有的九等星。第二天，那颗星移动了70角秒，确实是勒威耶所说的新行星。惊喜从他心头涌起，一颗新行星被发现了，牛顿的万有引力定律再一次得到了证实。他的复信也让勒威耶狂喜不已，真是令人无法想象，柏林的天文观察完美地证实了巴黎天文学家笔下计算出来的天体。

消息传遍整个天文界，引起了英国皇家天文台台长艾里极大的震惊。他立即想起，不久以前，有一位业余的天文学家亚当斯曾经要求自己作同样的事，去找一颗行星，计算结果跟勒威耶的相差无几。当时因为自己认为万有引力定律有缺陷，另外又不愿接受一个无名小卒的委托，才错失了一个发现新行星的大好机会。

无限遗憾的艾里台长并不掩饰自己的过失，他公开发表了一年前收到的亚当斯论文的摘要，让科学界知道事实真相，至少在同一时期，英国也有一位学者，用自己的计算，用笔尖找到过那颗星。

英法两国学者，因为给新的行星命名发生了争吵，他们各自把太阳系这第八颗行星命名为"勒威耶星"和"亚当斯星"。在这一场争吵中，最明智的人是勒威耶，他主张按行星历来的命名方法，用神话中诸神的名字给第八颗行星命名，按这个方法，这颗星该冠以海王耐普顿的名字。这一主张马上得到对方认可，于是，太阳的第八颗行星就被叫做海王星。

·重新发现孟德尔·

　　格里戈尔·孟德尔1822年出生于奥地利摩拉维亚海因申多夫村。他家世代务农，他父亲务农之余，爱好园艺，孟德尔自小在这种环境中成长，培养了他对植物栽培的兴趣，使他成为遗传学的创始人。

　　孟德尔的家境贫困，十几岁的时候还生过一场大病，因此，当他在奥尔米茨学院读完哲学以后，不得不考虑找一个不必为糊口而没完没了操心的职业，他的老师建议他去当修士，于是，21岁的孟德尔进了鄂尔特伯伦的奥古斯丁派修道院，当了一名修士。

　　命运也真照顾孟德尔，就在他进鄂尔特伯伦前不久，修道院兴建了一个植物园。主持工作的是萨勒神甫，他是个植物学家，把植物园搞得像模像样。可是，萨勒神甫是个酒鬼，既不受修道院欢迎，又因酗酒伤了身体，过早地离开了他的植物园。孟德尔立即发现了这个自己心目中的天堂，于是，植物园成为他终身享用不尽的伊甸园。他在这里度过了全部的空闲时间，也在这里发现了著名的孟德尔定律。

　　仅仅当个修士，还不能使孟德尔满足，他向本地的中学申请当代课教师，被录取了。于是，待人和气的孟德尔又成为中学的代课教师。

　　过了一个阶段，孟德尔向鄂尔特伯伦当局申请参加中学教师的考试，想取得正式的中学教师资格。1850年，他参加两次考试，可是，孟德尔在实践中得出的结论和他的独创性根本不是那些故步自封的考官们能理解得了的，主考官们抱怨他："该考生置专门术语于不顾，他使用他自己的语言，表达他自己的观念，而不依赖传统的知识。"这就是当时的"专家"们对历史上一位杰出的科学家所作的评判。

尽管孟德尔没当成正式的中学教师，但是他并无愁容，依然在植物园栽培他的花木，依然用他独创的见解，寻找着真理。他对豌豆的杂交发生了极大兴趣，从最简单的事物中认识到前人从未认识的遗传规律。

他发现，两种不同类型的生物杂交后，它们的下一代将统统是一模一样的，比如，一株红色花与一株白色花杂交，它们的下一代将全是灰色的，孟德尔称这个叫做统一律。

他还发现，不同生物的统一的新一代再拿来配对，再下一代就不再统一，如上边说的灰色花互相交配，八株后代中将有四株灰色花，以及红色、白色花各两株。孟德尔称这种现象叫分离律。

这就是孟德尔的遗传定律。但是，当孟德尔在鄂尔特伯伦的自然科学研究会上宣读自己的论文时，台下的听众只是礼貌地轻轻鼓了几声掌；孟德尔出版了自己的论文，也只被寥寥几个图书馆收藏，放在了积满灰尘的书架上。

孟德尔回到了自己的修道院，继续当他的中学代课教师。以后，他升任修道院院长，就再也没有空闲进一步研究遗传规律了。即使如此，孟德尔也没有忘记自己的遗传学，他因为在养蜂育种方面取得的成功，帮助当地的养蜂人提高蜂蜜的产量而被推选为摩拉维亚养蜂家协会的主席，还多次担任奥地利皇家园艺学会的主席。

1884年，孟德尔逝世，数千群众为他送行。但是，在人们心中，孟德尔只是一位和蔼热情的老师，一位仁慈、正直、造福地方的修道院院长，只有少数人还记得他划时代的杂交实验。

直到1900年，几位互不相识的科学家才戏剧般地一齐重新发现了孟德尔。荷兰的德佛里斯、德国的柯灵斯和奥地利的丘歇马克在故纸堆里看到了孟德尔的论文，指出了孟德尔的发现填补了达尔文生物进化学说的空白。遗传学作为一门独立的学科建立起来，并成为生物学科的最基础学科。

·巴斯德与迈斯特·

　　1822年12月27日，法国米拉省多尔城的一个制革工人家庭里，诞生了一个男孩，他就是伟大的法国科学家路易·巴斯德。由于家里很穷，巴斯德到9岁才上学读书。开始时成绩平平，但是，凭着他刻苦的奋斗，在意志、工作、等待三块基石上，铸就了成功的金字塔。他发明了灭菌法，拯救了无数伤员的生命；他研究的发酵法，繁荣了法国的酿酒业；他创立的细菌学说，对蚕病、鸡瘟以及危害人类的炭疽的治疗，都起了关键作用。正因为如此，巴斯德受到法国、意大利，甚至俄罗斯农民的爱戴，他70岁的生日，成为法兰西的节日，法国总统亲自送给他一枚纪念章，上边刻着："纪念巴斯德70寿辰。一个感谢你的法兰西，一个感谢你的人类。"

　　在巴斯德一生的发现中，最富戏剧性的一件，是他发明的狂犬病注射治疗法。1881年，59岁的巴斯德开始注意疯狗身上的毛病，他忘不了童年时经历的可怕一幕：他那时刚刚上小学，眼睁睁看着一只疯狗冲进村庄，咬伤了8个人，那些人先后死去。现在，他想替那些可能被疯狗咬的平民，寻找一条活命之路。

　　巴斯德怀疑疯狗咬人时，会把可怕的细菌传染给被咬的人。于是，他提取狗的唾液作分析，甚至不顾被传染的危险，用嘴含住玻璃管，到疯狗的嘴里去吸取唾液。但是，对狗唾液的分析没有能找到致命的物质。

　　巴斯德把注意力转向狗的脑脊髓，果然在那里发现了致命物质。找到病源之后，巴斯德进一步做试验。他发现，疯狗的脑脊髓毒性会一天天减弱，14天后就没有毒性了。于是，他连续14天给狗依次注射了脊髓，这些被注射过的狗，即使被另外的疯狗咬伤，也不会染上狂犬病，治疗狂犬病的方法终于找到了。

巴斯德知道，只有在人身上进行过试验，他的方法才能得到承认。于是他努力寻找这个机会，甚至提出，在自己身上做试验，很多人劝他，他年事已高，不能承受这种危险的试验，这个计划才没有实行。

机会终于来了。1885年7月，亚尔萨斯省一位农家孩子约瑟夫·迈斯特不幸被疯狗咬伤十几处，镇上的医生告诉迈斯特的母亲，快到巴黎找巴斯德，只有他能帮助你们。这位农妇带着儿子，在24小时后见到了巴斯德。巴斯德立刻决定，用自己的方法替可怜的迈斯特施治，把第一滴保存了14天的菌苗注射到了迈斯特身上，然后准备余下的13次注射。他要在狂犬病发病之前，挽救迈斯特的生命。

以后的十几天中，巴斯德跟迈斯特成了好朋友。孩子每天安睡之前，一定要抱住巴斯德，跟他亲吻告别。到了第14天，巴斯德给迈斯特注射过最后一针菌苗，安排他入睡后，而巴斯德回到自己的卧室，却久久无法入睡，因为这最后一针，在普通人身上，足以致人死命，可怜的迈斯特，能不能熬到明天清晨呢？这可是一个性命攸关的夜晚呀！

直到凌晨，巴斯德才迷迷糊糊地要睡着，他忽然听到迈斯特在嗷嗷大叫。不好，迈斯特发病了！巴斯德吓得跳起来，这时候，他才知道自己刚刚闭上双眼，就做了一个梦。此时阳光已经开始照进卧室。"迈斯特！"巴斯德奔进迈斯特的卧室，流着泪拥抱起孩子，迈斯特没有发病，他的病已经治好了。

1895年，73岁的巴斯德离开了人世，安葬在几年前成立的巴斯德研究所。19岁的迈斯特成为研究所的守门人。几十年后，1940年，德国法西斯占领了巴黎，他们强迫64岁的迈斯特打开巴斯德的墓室。这位曾是巴斯德治疗狂犬病的第一个患者，为了保守墓室的秘密，宁愿结束自己的生命，也不肯向纳粹屈服。他用生命捍卫了自己的救命恩人，也捍卫了法兰西民族的尊严。

·达尔文的斗士赫胥黎·

托马斯·赫胥黎1825年出生在伦敦一个教师的家庭，这对赫胥黎来说绝不是件好事，当他10岁的时候，父亲的学校财政亏损，父亲失业了，赫胥黎只得中止学业，靠自学成才。

生活的艰苦和生存的竞争教育着赫胥黎，使他在自我奋斗中培养了执著、进取的精神。他自学了两年医学知识，毛遂自荐当上助理医生；又考入海军，当了旱鸭子海军医生。他曾随一艘航船到麦哲伦海峡做过危险的科学考察，成了一位有希望的年轻科学家、皇家研究院的讲师。

就在这时，英国学术界正围绕达尔文的进化论，掀起一场异乎寻常的论战。论战大有迅速变为一场革命之势。一切宗教的顽固分子、守旧的科学家，都想把进化论扼杀在摇篮之中。偏偏达尔文身体不好，生来不是个斗士，因此战场上期待着具有战斗意志的人，赫胥黎成为这场战斗最勇敢的战士。

正因为如此，英国所有的反进化论人士，都把攻击的矛头，指向了捍卫进化论最坚强的斗士赫胥黎。1860年6月，在保守派的大本营牛津大学召开不列颠学会年会，进化论当然成为会议的焦点。达尔文不想出席，赫胥黎不喜欢牛津，本不想参加，但在朋友们的劝说下，还是勉强到了那里。

果然，会议开始后，著名的解剖学家欧文首先向进化论发难，他从人与猩猩解剖的差异否定进化论。赫胥黎本不想跟这位大自己21岁的长辈去争论。但接着，牛津大主教威尔伯福斯跳了出来，这位神职人员本来根本不懂进化论，但觉得有欧文撑腰，便像往日一般施展起自己的油嘴滑舌来。他指着赫胥黎问："请问赫胥黎教授，您是通过祖父还是通过祖母接受猴子的血统的？"

对于这种无知的挑衅，赫胥黎当然要作面对面的斗争。他指出："关于人类的起源，当然不像主教大人那样粗浅的理解，它只是说，人类是由类似猴子那样的史前动物进化来的。"随后，赫胥黎盯住大主教，犀利地说："我宁愿要一只可怜的猴子当祖先，也不要一个对科学什么都不懂，把嘲讽和奚落带进科学讨论的人作祖先。"威尔伯福斯哑口无言，只得悻悻地退出了会场。

赫胥黎在牛津踩了上帝子民们的尾巴，他们当然不甘失败，他们在各种杂志上撰文攻击赫胥黎，还准备在赫胥黎作学术报告之后，用石头攻击他，让他受伤，造成一种老鼠过街、人人喊打的局面。

可是，赫胥黎却丝毫不肯后退，他公开宣称，自己是"达尔文的斗犬"。他雄辩的演讲说服了许许多多反对者，有些带着石头去听他演讲的人，听完他的演说，留在会场里为他大鼓其掌，成为"不信宗教的新信徒"。赫胥黎将他的演说编成册子出版，1893年出版的《进化论与伦理学》(即中国翻译成的《天演沦》)，为进化论的传播立下了汗马功劳。这是一场真正的战争，一场科学与愚昧的世界大战，赫胥黎是大战中的勇猛斗士。

这场战争延续了整整25年。赫胥黎在59岁时，牙齿掉光了，他觉得自己太老了，便辞去了一切职务，其中包括英国皇家学会的最重要职务。赫胥黎的敌人闻讯而动，对他发动了新的攻击，下议员格莱斯顿公然在杂志上发表文章，大骂反对上帝创造世界的人。

这时，赫胥黎忘掉了身上的病痛，重新投入了战斗，这一场斗争又进行了10年，直到他70岁的冬天，他才停止了自己为战斗而跳动的心脏，1895年，当春天快降临大地的时候，他在海滨一个叫滩头的住宅里离开了人世。

·他山之石可以攻玉·

　　1827年出生在英格兰阿普顿的约瑟夫·利斯特，曾就读于伦敦大学医学院，以优异的成绩获得了医学学位，并在格拉斯哥皇家医院的外科部担任外科医生，前后八年担任外科大楼内的病房领导工作。就在这一阶段，他利用法国科学家巴斯德的细菌学说，创造了外科消毒法，成为彻底改变外科病房面貌的科学家。

　　当利斯特接受任命，到格拉斯哥皇家医院的新外科大楼任职时，年方34岁的他，心里充满了憧憬。这家医院在全国是第一流的，外科大楼又是新建的，医生又都是一流的，肯定会给病人最好的医疗条件。这正是自己大展宏图的好机会。

　　可是，当利斯特进入这座新建的外科大楼时，看到的却是与意料中大相径庭的现象。病房里卫生状况极差：大多数动过手术的病人开刀的地方已经溃烂，沾有脓血的衣物到处乱扔；虽说麻醉药已在十几年前发明，但都只用在手术中，手术后的病人，特别是伤口已经溃烂的病人在痛苦中呻吟；整个大楼就像一座人间的炼狱，即便是健康的人，也无法忍受。

　　这怎么行？利斯特是位严谨的外科大夫，现在负责管理这些病房，他决不能允许这种亵渎医务人员神圣职责的现象再存在下去。他仔细制订了一整套病房的卫生制度，并督促全体医生和护理人员严格执行。

　　利斯特制订的制度完全是合情合理的，别人看到他"新官上任三把火"，每天都泡在病房里，跟护理人员一样照章办事，也只得按照制度，把病房的环境搞好。几周以后，整个新外科大楼变得焕然一新，不仅是医生，就连病人也对自己的病得以治愈充满了信心。

但是，利斯特并不因为病房能保持清洁而心满意足。他作了详细的统计，动了外科手术的病人，大多数人会伤口感染，严重的会并发坏疽，死亡率还是维持存45％上下，这种高比率的术后死亡实在令人震惊。

这时候，那些老资格的外科医生对利斯特的制度开始了怀疑。他们断言，造成高死亡率的原因是医院附近存在的瘴气，是这种邪恶的原因导致了感染，医术对它是无能为力的，病房卫生更无法扭转这种状况。

利斯特对这种含混的解释极不赞成，但是他一时也无法找到伤口感染的真正原因。这种状况使他十分痛苦，于是他努力学习各种与感染有关的著作，设法找到医学教科书无法解决的问题的办法。

1865年，利斯特终于读到了巴斯德有关坏疽病细菌的论文，认识了细菌能致病的学说。巴斯德的观点启发了利斯特：如果感染和坏疽都是由细菌引起的，那么，防止术后感染的办法就只有切断细菌进入伤口的途径，将一切可能把细菌带进创口的东西都消毒干净。

利斯特采用了石炭酸作杀菌剂，又制定出一套术前术后的消毒程序。所有的外科医生必须把自己双手消毒干净，所有的外科器械、术前术后使用的纱布也要处理得完全洁净。不仅如此，就连手术室的空气也要消毒，喷洒石炭酸溶液。

经过这一次改革，格拉斯哥皇家医院外科病人的术后感染大大降低，死亡率也从45％下降到了15％。利斯特1867年发表了自己的论文，但是，保守的医学界并没有立即接受他的观点，只把他的成功看做"野狐禅"。幸亏利斯特以后一直担任各医院的外科主任，在任上积极推行自己的办法，都取得了良好效果。特别是1877年他担任伦敦国王学院医院的外科主任时，在伦敦公开展示了自己的消毒法，在医学界引起了巨大反响。等到1912年利斯特去世时，他由细菌学得到启发从而发明的消毒法，已为医学界普遍接受，利斯特的革新给外科领域带来了彻底的革命。

·炸不死的诺贝尔·

　　诺贝尔是瑞典人。但是，他的父亲侨居在俄国，因此，当他1833年出生以后，就跟着父亲到处游历。他没有接受过正式的高等教育，但在父亲带领下，在欧美各国广泛学习考察，受到良好的科技教育。他因为改良火药而腰缠万贯，在1896年去世时，他把自己的遗产作为基金设立诺贝尔奖。他因此成为世界上最闻名的科学奖的创始人而流芳百世。

　　诺贝尔开始制造的炸药是液体的硝化甘油，这种炸药威力巨大，但是，只要稍一撞击，便会猛烈爆炸。每次使用这种炸药，是由人用锤子猛击炸药，让它爆炸的。所以，硝化甘油既是开矿炸山的有力武器，也是瞬间带来灾祸的恶魔。

　　到了1866年，硝化甘油在世界各地闯下了无数大祸。且不说诺贝尔的弟弟在爆炸中身亡，他的父亲被炸得终生残疾。悉尼发生了大爆炸；"欧罗巴"货轮在巴拿马炸沉；旧金山的一座货栈完全炸毁；就是诺贝尔自己在汉堡的第一家硝化甘油厂，也被完全炸毁。

　　面对接二连三的爆炸案，各国政府开始考虑下令禁造、禁贮、禁运硝化甘油，诺贝尔和他的事业遭到了空前的危险，眼看人类改造大自然的强大利器，便要被扼杀在摇篮之中，诺贝尔怎能半途而废，他决心一定要制造出既安全又威力巨大的炸药来。

　　这时候，城里的警察怕诺贝尔的试验室再爆炸，影响附近居民的安全，送来了禁止他再进行试验的命令。诺贝尔只得租了条船，到首都斯德哥尔摩附近的梅拉伦湖上搞试验。他试过许许多多材料，最后选中了硅藻土，让硝化甘油吸附在硅士中，这一来，即使把包着硅藻上的炸药扔到火堆里，它也不会爆炸了。

炸药是够安全的了，可是炸药本应该是爆炸的，它安全得不肯爆炸，岂不失了炸药的作用？于是，诺贝尔开始研究引爆炸药的雷管，他从引爆玻璃管得到启发，制出了新式的雷管安全炸药。

一天，诺贝尔亲自开始了试验，他点燃了导火索，火星缓缓烧起来，渐渐移近炸药，诺贝尔真想仔细看看雷管是怎样引爆安全炸药的，稍微迟疑了一下。在这一刹那间，安全炸药爆炸了，轰的一声，四周充满了浓烟。

在外边的人，看到这状况，人人都感到震惊，"诺贝尔完了！"他们心头都涌起无限的悲哀。这时候，一个满身鲜血的人顽强地从地上挣扎着爬起身来，冲出浓烟，高举双手欢呼："我成功了！我成功了！"

自从安全炸药试制成功以后，诺贝尔向各国提出建议："请各国政府派出专家，组织委员会来考察我的炸药，同时共同制定处置及运输安全炸药的规则和章程，使这个特种行业，得以在法律保障下得到发展。"他的建议得到各国政府响应。

1875年，诺贝尔发明了威力更强大的胶质炸药。1887年，诺贝尔又发明了威力既强大又没有浓烟的无烟炸药，这种炸药一直沿用至今，成为工业、军事等方面必不可少的材料。

火药早在7世纪的中国就发明了，而真正让它发挥威力的却在西方。炸药具有强大的威力，会造成伤害，但经过改良，制定法律，就能为人类服务。而这个改良的过程，却需要具有不怕牺牲的科学家来完成，诺贝尔就是这样一个不怕死的科学伟人。

·科学史上的勋业·

　　1834年2月，俄国西伯利亚托博尔斯范克市，一个中学校长的家庭里，诞生了他们最小的孩子。但是，这位名叫德米特里·门捷列夫的孩子并没给家庭带来好运，不久，中学校长因双目失明，丢掉了工作，家庭陷入了困顿。门捷列夫历尽艰难，才得以在彼得堡的师范学院毕业，成为一名大学的教师。他在艰苦的环境中培养出坚定不移地为科学献身的精神，终于在前人的基础上，发现了化学元素的周期律，他的化学元素周期表，是划时代的伟大发现，建立了科学史上的一个里程碑。

　　门捷列夫发现元素周期律，开始于1865年，那一年他31岁，担任彼得堡大学的化学教授。为了更好地完成授课任务，他开始编写一份讲义。不久，他就遇到了困难。当时，化学家已经知道了63种元素，他可以像其他化学家一样，一种一种单独地向学生们介绍这些元素，既省事又可以表现出自己学识的丰富。但门捷列夫认为，物质应该有自己的规律，他不能容忍那种漫无秩序的混乱状态，他要在学生面前展开一幅物质统一的、合乎逻辑的图画。

　　经过一个阶段的潜心钻研，门捷列夫终于确定，元素间的自然秩序是有一种特征作为标准的，它就是元素的原子量。已知元素完全可以按原子量的大小，排列成一种有规律的序列。为了证实这个序列，他甚至大胆修改了别人测定的原子量，后来的事实证明，这种修改是正确的，而原有的数据是在实验设备不完善的情况下得出的。

　　可是，即使按照门捷列夫修改后的原子量去分析，元素的规律依然无法全都说清。门捷列夫把63种元素写成63张卡片，一遍遍把它们排列起来，好组成一张原子量从低到高，又具有周期性的表格，结果并不如人意，他的工作一次次遭到失败。

门捷列夫发疯一般在自己的办公室工作，这一次，他三天三夜没离开办公室，63张卡片快给他摆弄烂了，还是没法完美地体现出化学元素的规律，至少有几处无法填进任何元素，成功离他那么近，又是那么遥远。

门捷列夫太累了，他不知不觉伏在办公桌上，迷迷糊糊地就要进人梦乡。在这似睡非睡的当口，门捷列夫的思维却分外地活跃，他依然在排列着自己的卡片，把一张张卡片安排到那几处最困难的格子中去。可是，无论他放什么卡片进去，它们都像纸折的蝴蝶一样翩翩飞走，那格子依然空着。门捷列夫伸手去抓那些飞去的卡片，从睡梦状态中惊醒，这时候他的脑子立刻意识到一种结果：那些空格里，应该填进目前尚未发现的元素。发现了这一点，再去安排63种元素，一张盼望已久的元素周期表立刻出现在眼前，门捷列夫终于成功了。

门捷列夫对三种当时未知的元素作了预测，他的预测在17年后完全得到了证实，科学家们发现了三种元素镓、钪、锗，它们的性质，跟门捷列夫预测的完全一致。门捷列夫的元素周期表揭示了物质内部的客观规律，为人类认识世界打开了一扇大门。

元素周期表给门捷列夫带来了巨大的声望。但是，他的生活道路依旧那么艰难。他不曾阿谀奉承沙皇和权贵，在俄国科学院未曾占有一席之地；他没被世人所熟知，因一票之差，不能获得诺贝尔奖。但是，1907年他去世之时，彼得堡爆发了一场自觉的送葬游行，他的学生们，打着一张白布走在队伍前，巨大的白布上，画着元素周期表。一路上，无数的市民自动加入队伍，人数达到好几万。人们用行动高度评价了门捷列夫和他的伟大发现，历史的发展，进一步证实了元素周期表在科学史上的地位。

·科赫战胜杆菌·

　　1843年出生在德国的罗伯特·科赫自小立志，要成为一名能战胜绝症的医生。中学毕业后，他果然考进了哥丁根大学医学院，23岁获得博士学位，1872年应沃尔斯顿镇的邀请担任当地的医生。在那里他分离出炭疽病杆菌，以后又证实结核菌是人类肺结核病产生的原因，并且寻找到防止结核菌传染的途径。因为这些成就，他于1905年获得诺贝尔医学奖。

　　1876年的一天，科赫正在门诊，门外跑进一位气喘吁吁的牧人，打断科赫的工作，告诉医生，他的三只羊早晨还好端端的，中午突然死了两只，请科赫去瞧瞧。"唉，又是炭疽病。"科赫叹了口气，立即跟着牧人下了乡。

　　不出科赫所料，两只羊躺倒在牲口棚，另一只还在叫着。牧人问那只羊会不会生病，科赫直率地告诉他："明天，第三只也会死掉。"接着他从三只羊身上各抽了一些血。回到诊所后，科赫在显微镜下观察，三只羊的血里，都有像小枝条般的小东西。看来这些杆状的细菌可能是羊致病的原因。

　　接着，科赫把带杆状细菌的羊血注射到一只小白鼠身上。一天后，这只原本强健的小白鼠死了，科赫在白鼠的血液中，也发现了那种同样的杆状菌，一连30次连续的实验，死了30只白鼠。实验证明了，杆状菌确实是炭疽病的原因。

　　为了寻找防治这种杆菌传染的方法，科赫发现，当温度处于15℃以下，又没有大量水分时，这种杆菌就变成一个圆形的小饼，等待环境变化后再复活。根据杆菌这种特征，科赫提出了防止炭疽病传染的办法，把患炭疽病死亡的牲畜烧掉或者深深埋到地下。

1876年，科赫公布了他的发现，他用染了色的炭疽杆菌做了实验，证明一种特定的细菌会引起一种特定的疾病，这在人类历史上还是第一次，给防止炭疽病传染指出了正确的办法。由于他卓越的成就，科赫在1880年被提拔到柏林，担任帝国健康署的工作。

这时候，科赫已经认准了自己研究的第二个目标。炭疽病固然传染迅速，危害牲畜和人类，然而另一种慢性的传染病对人类的危害却更大，那就是肺结核。19世纪时，整个欧洲大约有三千万人死于这种传染病。

结核病是当时的绝症，由于医疗条件差，无法在早期发现病症，普通的显微观察，也发现不了引起这种病的细菌，到了晚期，又没有合适的药物治疗。

科赫采用了对病人结核肿块的细菌染色法，第一次观察到了这种也是杆状的细菌。结核杆菌的体外培养，证实了它确实是病菌。那么，这种菌是怎样传染的呢？科赫做了多种实验，证明它是通过空气和接触传染的。患者的一个喷嚏，就会在空气中散布带有大量结核杆菌的唾沫。难怪这种病会在人群中广泛传染呢。

在没有特效药的年代，科赫提出了防止结核病扩散的办法：制订对结核病人新的卫生规则，消毒空气，掩埋患者的遗弃物等，清洁患者的一切生活用品。他的这种方法虽然无法治疗患者，但却大大减少了结核病的传染扩散。

到柏林两年后，他就发表了对结核病的研究结果，他的名字传遍了德国。柏林大学聘请他担任教授，并主持大学卫生研究所的工作。他继续沿着自己的方向进行研究，发现了导致霍乱的弧菌，找到了鼠疫由鼠蚤传播的途径，为人类消灭最危险的几种传染病开辟了胜利的道路。

·意外的发现·

　　威廉·康拉德·伦琴是世界上第一位诺贝尔物理学奖的获得者。他1845年出生于德国的伦内普镇，1869年获得苏黎世大学博士学位之后，长期任教于多所大学。1888年开始，担任维尔茨堡大学物理学院的院长。就在这里，他完成了使他成名的伟大发现。

　　那是1895年的11月8日，一个阴冷的冬天早上，伦琴在自己的实验室做阴极射线的实验。早在19世纪30年代，科学家们就发现，在真空条件下，通电的金属电极之间，会由阴极发出电子来，它受磁场影响，具有能量，但穿透力不强，几厘米厚的空气都无法穿透。伦琴正在研究这种射线的性质。

　　大约是实验做得累了，伦琴用一个黑色厚纸板做成的套子把阴极射线的发射管遮住。这样，阴极射线就完全被封闭在管子里，外边再也瞧不到一点光线，也没有阴极射线了。他实在想休息休息，闭上双眼，思考思考还该做哪些必要的实验。

　　就在伦琴坐进实验室坐椅，想闭上双眼的刹那间，他突然看到，实验桌上放置的一块荧光屏，像被强光刺激那样闪烁起来，它上边涂着一层氰亚铂酸钡，只要受到有能量的射线照射，就会闪烁。是什么射线让它异常地活跃起来呢？实验室里没有强光射入，阴极射线管也被遮住，不可能有阴极射线泄漏，何况阴极射线也穿透不到荧光屏上。

　　伦琴略作思索，便立即切断了阴极管的电源。再回头瞧那块荧光屏，那上边神奇的闪烁现象也消失了，他立即意识到，阴极管除了能放射出阴极射线外，还能放射出一种肉眼看不到的，比阴极射线强大许多的另一种射线。这可是别的科学家从未发现的现象呀。

伦琴抑制不住满心的欣喜，扔掉一切其他实验，专心致志地探索这种射线的性质。一连几个星期，他把自己关在实验室，终于发现：那种射线可以让许多化学物质发出荧光；它跟阴极射线不同，总是作直线运动，不因磁场的存在而发生偏斜；它还有一种更特别的性质，穿透力十分强，可以轻而易举穿透肌肉，却被人的骨骼挡住。除了这些以外，铅这种重金属也能阻挡它。伦琴实在无法替它起一个适当的名字，于是称它X射线，意思是一种未知的射线。

伦琴一连好几个星期没有回家，惹得伦琴夫人放心不下，终于到学院实验室找伦琴来了。以前，伦琴也曾没日没夜地泡在实验室过，但这一次竟然待了几个星期，伦琴夫人简直无法想象他在干些什么。

看到夫人来了，伦琴略显疲惫的脸上立刻呈现出兴奋，他领着夫人进了实验室，让夫人伸出一只手掌，放在荧光屏前，然后打开了阴极射线管，叫夫人观察荧光屏上出现了什么样的图像。

伦琴夫人不看便罢，一看，立刻吓了一大跳。那闪烁的荧光屏上，出现了一只死神的魔掌，只有一根根骨骼，上边既没有肌肉也没有皮肤。伦琴夫人尖叫了一声，把手缩回，屏幕上什么东西也看不见了。

伦琴哈哈大笑，告诉夫人，刚才屏幕上出现的那只可怕的手掌骨，正是她自己的手骨，这种光线可以穿透肌肉，却穿透不了骨骼，所以才留下了这种图像。这，就是自己几个星期研究的结果。伦琴夫人这才放下心来。

伦琴发表了有关X射线的论文，立即引起科学界极大的关注。一年之内，有关X光的学术论文就达到1000多篇，医学界更把它运用于临床观察。人们赞颂伦琴的伟大发现，建议把这种射线命名为"伦琴射线"，伦琴却说，他对这种射线所知太少，还应该称它作"X射线"。

·偶然得来的副产品·

爱迪生是有史以来最伟大的发明家，他生于1847年2月，死于1931年10月，享年84岁。他的发明，单是在专利局登记的就有1328种，再加上没有公开或者故意放弃的专利，总共有2000种左右。在他的有生之年，平均每半个月就有一项发明问世，他当之无愧地被人们称为"发明之王"。

爱迪生出生在美国俄亥俄州一个叫米兰的小镇，从小对大自然的一切现象都有浓厚的兴趣。他曾经抓了两只猫，想摩擦它们的毛皮发电。他曾经伏在一堆鸡蛋上，想靠自己的体温孵出小鸡来。为了攒一些钱买书籍，他到火车上去卖报，结果被列车员粗暴地扇了一个耳光，打聋了右耳，听力严重受损。

孩提时代的幼稚和失败，并没有挫伤爱迪生对科学发明的兴趣，有时候还促成了他的事业。留声机发明的经过，就是一个最明显的例子。少年时候留下的耳疾，使爱迪生无意之中发明了这种机器。

那是1877年的夏天，30岁的爱迪生正在努力改进两年前贝尔发明的电话机。电话的发明权已归贝尔所有，但是，贝尔的电话机效率太低，爱迪生希望自己能让它变得完善起来，他采用碳粒制造话筒，使传话效果大大提高了一步。

在做传话效果的试验时，爱迪生不能像别人一样，靠耳机检验，他只能把一根短针顶住送话机的膜片，根据手的触觉来感知膜片震动的强弱，从而了解送话器的灵敏度。

就是这种独特的方法让爱迪生产生了发明的灵感。既然声音能使膜片震动，那么，一根针的震动也应该能带动膜片，让膜片发出声音来，这样的话，自古以来随风飘散的声音，也有可能永久留传下去了，这是多么令人心动的一种发明呀！

萌发了这种灵感之后，爱迪生夜以继日地工作。十几天之后，他叫自己的助手克鲁西和卡门一同来到试验室，告诉他们，自己已经制造了一台"声音记录器"，要他们一同来作世界上第一次"灌音试验"。

克鲁西和卡门半信半疑地站在一旁，瞧着爱迪生操作。爱迪生小心地在一只刻有螺旋槽纹的圆筒上包好一张锡箔，在螺纹的一端放好一根尖针，然后一边摇动圆筒的曲柄，一边对着针尖上边的小管，纵声唱起歌来："玛丽有只小羊羔，雪绒球般一身毛，不管玛丽走到哪儿，它总跟在后头跑……"

一曲唱完，爱迪生把小管子换成一只扩音的圆筒，再把小针重新放到刚才开始的地方，仔细检查了各个部分，又摇动起那只曲柄来。

静静站在一旁的克鲁西和卡门，紧张得气也不敢喘。只听得扩音圆筒里传来几下喀嚓声之后，居然唱起歌来："玛丽有只小羊羔……"跟刚才爱迪生唱的一模一样。两个人目瞪口呆，简直不敢相信自己的耳朵，好半天才异口同声地喊出声来："上帝！它真能说话呀！"

爱迪生转过身来，朝助手们说："我还要你们帮助，把它改进一下，让它更完善呢！"以后，爱迪生跟助手一同，给"声音记录器"装上了钟表的发条，让它能自动旋转，不必用手摇动曲柄，又把锡箔和圆筒改成了特制的蜡和圆盘，一种能记录声音的机器终于诞生了。

留声机，这个"19世纪的奇迹"，当代一切音像设备的开山鼻祖，就这样被发明出来了。而引发这种伟大发明问世的契机，居然是发明家的生理缺陷。偶然之中，也包含着科学进步的必然。

·巴甫洛夫和他的小狗·

　　伟大的生理学家巴甫洛夫1849年出生在俄国的中部梁赞镇。他曾就读于神学院，后来到彼得堡学医，1879年得到了"优秀医师"称号。但他并没有去当医生，而是走进了生理实验室。他花了20年时间，弄清了人类消化系统的全部秘密，因此获得了诺贝尔生理学奖。以后他又潜心研究大脑皮层神经细胞的活动，创造了条件反射学说，终于在1936年逝世之前，建起了高级神经学说的奇伟大厦。

　　巴甫洛夫这些伟大的创造，都离不开具体的实验和观察。而他观察的对象，是一只只小狗，他坚持必须在机体正常活动的过程中，研究动物的消化和神经活动。他想出了新的实验方法：在小狗的胃部开一个瘘管，通过这个"小窗"，直接观察狗的消化系统的活动。

　　但是，很多人以前都企图进行类似的工作，却都遭到了失败。巴甫洛夫刚开始实验时，手术确实很不成功，他一连进行了30多次手术，狗死了30多只。连原来支持他的人也表现出信心不足，巴甫洛夫累得消瘦了，白发增添了不少。

　　巴甫洛夫不肯就此罢休，越是困难的时候，越要有必胜的信心。他仔细分析了前些时候手术失败的原因，总结经验教训。不久，奇迹终于出现了，一只名叫茹契卡的小狗，做了瘘管手术后，终于活了下来。

　　"好狗儿，茹契卡！"巴甫洛夫激动地喊着小狗的名字，伸手把着它的脉搏，希望它快一点痊愈。茹契卡呜呜叫着，晃动着短尾巴，用信赖的目光望着巴甫洛夫，很短时间就恢复了健康，顺利进入了实验阶段。

巴甫洛夫每天接连好几个钟头小心守候在茹契卡身旁细心观察。他看到，只要小狗进食，瘘管里便会淌出一滴滴透亮的胃液，流进玻璃试管，巴甫洛夫把胃液拿去分析，知道了茹契卡吃不同食物时，胃部分泌的胃液不一样，不同的胃液可以帮助消化不同的食物。活的机体的结构是多么神奇和周密呀！

20年中，巴甫洛夫不知为小狗做了多少次手术，他的书出版了，他得到了诺贝尔奖，但是，他没有停止自己的实验，他要在已取得成绩的基础上，向新的生理学领域进军，他要揭开生理学禁区大脑的秘密。

1902年，巴甫洛夫53岁了，但依然那么健康，整天泡在实验室里。有一天，他在实验室看工友喂狗。那只小狗吃的肉太少，没有吃饱，工友便出去再给它取。一会儿，屋外响起了工友的脚步声，巴甫洛夫惊奇地发现，那只狗居然像刚才吃肉时一样，滴滴答答淌起了口水。这是为什么？难道工友的脚步声引起了小狗大流口水？

于是他在小狗的一个唾液腺上造了个瘘管，让狗的部分唾液滴进试管，然后做一系列实验。

实验结果表示，小狗一旦听到工友熟悉的脚步声，立即会淌唾液，因为大脑接收到声音信号，就向唾液腺下达信息，唾液腺便开始分泌唾液。巴甫洛夫称它为神经系统的一种条件反射。这是一种前所未知的生理现象。

继续的实验证明，这种条件反射可以人为地建立起来。巴甫洛夫在小狗吃东西分泌唾液的同时，加进一个固定的信号：摇铃、开灯，甚至用热的物体烫小狗，这样的过程重复几十次之后，即使不给小狗食物，小狗得到有关信息之后，唾液也会分泌出来。实验证明了，动物的一切习惯和技能，都与大脑皮层神经细胞的活动有关。

巴甫洛夫就是这样，用他的小狗做实验，开创了对神经系统的科学研究，为科学宝库增添了一笔宝贵的财富。

·伟大的园艺家米丘林·

　　1855年，俄罗斯科兹洛夫城的一个退伍军人家庭里，诞生了一个男孩米丘林。这个世界给男孩的最初礼物，便是他父亲经营的一个果树园。满园的果树，满树的花，花落之后累累的果实，是米丘林的乐园。他看着父亲辛劳的身影长大，果园占据着他幼小的心灵。果园也给了他不安，那几棵父亲引种的"中国树"，本应该结出漂亮的果实，但是，每当秋日来临，它们却只结比樱桃还小的果子。父亲站在"中国树"前长长地叹气，告诉米丘林，它们的家乡在遥远的南方，不适应这里的寒冷气候和土质，恐怕不会结出硕大的果实。米丘林双眼噙满泪水，心中暗暗下定决心，长大了一定要让"中国树"结出丰硕的果实来。

　　生活并不都像果树那样开满鲜花。17岁那年，父亲去世了，米丘林只得从正就读的里赞中学辍学，到一个货运站当办事员谋生。年轻的米丘林生活十分艰难，但他没有忘记从小立下的誓言，他节衣缩食，在住宅边开辟了一个小小的果园，种上一批"中国树"。

　　米丘林的举止立刻引来一阵嗤笑，"这孩子够傻的，净种这些半个卢布不值的果树"。"穷光蛋建果园，这是给自己开玩笑！"但米丘林决不因冷嘲热讽而罢手，他已经决定了自己的道路，要在园艺方面开创科学研究的新局面。

　　米丘林尝试采取了人工授粉法，这是园艺史上的创新。他写信给俄国南方克里米亚和高加索山区，请那里的园艺专家寄来优良果树的花粉。当南方果树的花粉千里迢迢传送到之后，米丘林小心翼翼把它们分成许多包，等自己的树开了花，立即进行人工授粉，并在花朵上罩起纱制的罩子，以免被其他花粉沾染。到了收获的季节，米丘林小心地揭开纱罩，期望能看到又大又甜的果实。然而，大自然却给他开了个玩笑，果实依旧那么小，他白白等待了半年，南方寄来的花粉失效了。

但是，米丘林相信科学一定能够创造奇迹，自己的设想没有成功，就应该到成功的地方去吸取经验。于是，米丘林从22岁开始，准备周游全国，观察全国果树的生长特点，从而找到改变果树的特性，使之结出更美更甜的果实来。

在沙皇统治下，俄国各地很不安宁，米丘林衣着简陋，年纪又轻，好多人都不肯相信他在作科学研究。有些狂妄的地主，还把他当作小偷。有一次，他甚至被毒打一顿，关进了贮藏室，要不是米丘林当晚逃出虎口，恐怕就要遭到毒手。

走遍俄罗斯，使米丘林大开眼界。除了原来创造的人工授粉外，米丘林又创造了果树嫁接法，把自己新的科学园艺术又推到了一个新的高度。

他把南方的果树枝接到北方果树上，让它们既有南方果树的品质，又有北方果树抵抗严寒的能力。许许多多过去只能在低纬度生长的植物迅速往北迁移。他的研究结果不仅被俄罗斯北方果农接受，还受到同样是高寒地区的加拿大园艺家欢迎。

不仅如此，米丘林还把不同品种的果树作嫁接试验。于是，许多奇异的果树品种产生了。梨树上长出有苹果味的果实，各色玫瑰花在同一株花树上开放，全俄罗斯都知道了有这么一位神奇的青年园艺师，连大文豪托尔斯泰也对他赞赏有加。

米丘林在自己80年生涯中，始终遵循一个信念："我们不能等待大自然的恩赐，我们的任务就是要从大自然那里取来恩惠。"

·打开精神世界禁区·

西格蒙德·弗洛伊德这位1856年出生于当时奥地利帝国弗赖堡的心理学家，因为创造了精神分析学说，从人类精神世界的角度，继历史上哥白尼、达尔文之后，向人类幼稚的自我中心主义发起了挑战，成为20世纪西方伟大的"思想之父"。他的思想影响了整个西方的文学、哲学、伦理学、美学和心理学。

自1881年起，弗洛伊德在维也纳大学获得医学博士学位，成为一名医生。但是，在学医的过程中，他发现有些病单靠药物治疗是无效的，即使用自己学习的催眠术和疏导法医治，也会发生反复。往往一种症状消失了，另一种症状便接着出现，根本无法根治，有些神经受损的患者，连催眠术也无法实施。

于是，弗洛伊德开始采用自己发明的"自由联想法"进行治疗。这是一种以疏导为主的谈话治疗法。让病人在清醒的、而不是被强迫催眠了的情况下，放松地坐在卧榻上，想到什么就尽可能把它说出来，医生可以有针对性地进行疏导，从而达到治疗的目的。1895年，弗洛伊德已与布洛伊勒合著《癔病研究》一书，标志着他的精神分析学派的开始。等到1900年，弗洛伊德的《释梦》一书出版，更标志了他的学说已经完全建立。

弗洛伊德开始时，是把自己当作"寻梦"的分析对象的，他发觉梦是通向潜意识的大门，是以伪装的形式表达无意识的愿望的方法。后来，他又把患者的梦的伪装揭开，寻找到它真正的含义，从而进行精神治疗。整个过程中，弗洛伊德不断发现，所谓万物之灵的人，并不是宗教界所称的上帝的宠儿，人性之中，潜伏着跟动物兽性相似的阴暗本质，他把它称为"无意识"。假如人类的理智无法控制这种意识，就会产生精神方面的疾病，而他的精神分析学派理论，便是一种治疗这种疾病的方法。

弗洛伊德这种大胆的学说，打开了人类思想的禁地，从这一角度否定了宗教对人的定义。原来人不仅是住在一个普通行星上的，由动物进化来的物种，而且还是带有像动物一般不光彩的潜意识的社会动物。因此，他的学说一直被那些卫道士猛烈攻击。

但是，弗洛伊德不想改变，他在1902年与阿德勒和荣格成立了"星期三精神分析会"，以后又建立了"国际精神分析学会"。1909年，弗洛伊德受到美国麻省克拉克大学的邀请，作了有关精神分析的演讲，于是名声大噪，他的学说在整个西方产生了很大影响。

弗洛伊德的学说真正得到推崇，是在第一次世界大战之后。空前残酷的战争造成了众多的战场精神病患者，即使是没有直接参战的平民中，也有很多人患上战争恐惧症。在种种药物治疗无效的情况下，人们想到了弗洛伊德的精神分析疗法。只有这种疗法，才会收到奇效。弗洛伊德的学说在西方越来越受重视。1926年，他70岁的时候，收到了爱因斯坦、罗曼·罗兰等世界名人的贺电。

弗洛伊德的学说不仅对病者有显著疗效，对各种文化思想也有重大影响。思想家与文化人为了正确分析人们的精神状态，往往采用他对无意识的分析，使自己的分析和人物形象更为深刻和细致入微。为了适应这种需要，弗洛伊德在晚年倾尽全力，总结一生研究所得，写出了自己学说的总纲《精神分析引论》。

从1923年开始，弗洛伊德患了口腔癌，他跟不治之疾作了十几年的斗争，于1939年不幸去世。尽管他的学说即使在西方还存在着争论，但正如爱因斯坦所说，弗洛伊德与哥白尼、达尔文一样，是20世纪伟大的导师。

·艰难困苦，玉汝于成·

1857年齐奥尔科夫斯基诞生在俄国一个守林人家中，艰难困苦几乎伴随了他的一生。但是，凭着他不懈的努力和奋斗，刻苦自学成才，成为了人类星际航行的先驱。1935年在他逝世之后的第22年，在他的故乡，第一颗人造地球卫星终于升上天空，实现了他毕生的愿望。

10岁以前，齐奥尔科夫斯基是一位富有想像力，但学习却不太用功的孩子。10岁的时候，他得了猩红热，病愈之后，留下了可怕的并发症，两只耳朵几乎失去了听觉，从此他再也无法上学。学校教育的中止，给这位未来的星际航行家带来第一次灾难。

齐奥尔科夫斯基在父亲的藏书中，发现了几本自然科学的书籍。他一边自学，一边照着书本上介绍的方法制作仪器，认真实验。可是，他的知识太少了。他想去莫斯科，那里有图书馆，可以在那儿自学。学会了更多的知识，他就可以当一名科学家，搞发明创造，实现自己的夙愿了。

当守林员的父亲却劝他，别痴心妄想了，不如学点手艺，干点别的营生吧。但是，齐奥尔科夫斯基出奇地固执，一定要到莫斯科去。父亲拗不过他，只好答应他的要求。不过，因为家境拮据，父亲每月只能供给他10至15卢布的生活费，那简直连糊口都办不到。

年轻的齐奥尔科夫斯基来到莫斯科，他举目无亲，只能住在一个贫苦的洗衣妇家，每三天上面包房买一次吃的，带着面包进图书馆读书，无论高等数学、物理化学、机械学、天文学，他都如饥似渴地学习。虽然他中学没读完，那些高深的理论读起来十分吃力，可齐奥尔科夫斯基坚信，别人能做到的自己一定能做到，别人写出了这些书，自己也一定读得懂。

在莫斯科三年的苦读进一步损害了齐奥尔科夫斯基的健康，他只得跟父亲回到了家乡。但这次回家，齐奥尔科夫斯基是满载而归，他不久便通过了考试，获得了任教师的资格。他到卡卢加的一所技术学校当了教师，教学之余，他又开始了一门全新学科的研究，开始独立研究星际航行的各种理论问题。

他的第一篇论文被否定了，因为别人早已得出过比他更完善的结论，这也激发出他更强烈的学习热情。他设计过飞艇，还经由门捷列夫推荐给航空部门。可是航空部官员并不重视，把他的图纸束之高阁，不了了之。1894年，他比莱特兄弟早几年画出飞机的设计图，采用了仿生的流线型机翼、轮式起落架、尾部升降舵和方向舵等等，可它的设计依然遭到政府部门的冷落，官员们根本瞧不起这个无名小卒。

困难和挫折并没有迫使齐奥尔科夫斯基放弃自己的理想，他把目光投向更远的空间。1903年，他完成了一篇题为《利用喷气工具研究宇宙空间》的论文。在论文中，他指出外宇宙中没有空气，只能采用火箭作交通工具，这种火箭必须采用液体燃料，把液态的氢和氧分开贮存，当它们混合燃烧后，便会产生强大的推力，把火箭飞行速度逐渐加大，达到可以实现宇宙航行的速度。

他首先设计人类应该发射人造的卫星，作为继续星际航行的中间站，他设计了"火箭列车"，也就是多级火箭推进系统，还设计了火箭返回地球的技术系统。

虽然这一切当初都只是理论的探讨和实施的方案，但是，他所指出的一切方案和步骤，在日后技术能力提高的基础上，都一一变成了现实。人类成功制造了多级火箭，发射了人造卫星，建立了空间站，实现了登月计划，发射了宇宙探测器。齐奥尔科夫斯基在重重艰难中创立的星际航行学说，今天已经成为现实。

·坚持正义的数学家·

　　和别的一些数学家不同，希尔伯特在小时候并不是个神童。他1862年1月出生于德国东普鲁士首府哥尼斯堡，一直到读八年级之前，他只不过是一个极普通的孩子。八年级时，他父亲给他换了个学校，新学校充满着自由学习的空气，希尔伯特在这里不必死记硬背那些不喜欢的教材，他的数学天才于是得以发展。自18岁考进哥尼斯堡大学后，希尔伯特在数学方面取得了一个又一个巨大的成就，他在不变量问题上，在数论研究方面，甚至在几何基础方面，都创建了当时的最高成就，他开辟了数理逻辑的数学新领域。当他1943年2月离开人世的时候，被人们称为可以与爱因斯坦相提并论的20世纪最伟大的数学家。

　　希尔伯特是一位纯数学学者，他一边研究数学原理，一边担任大学的讲师、副教授直至教授。他曾经在1899年出版了《几何基础》，把古典的欧几里得几何整理为从公理出发的纯粹演绎系统，使它成为近代几何学的基础。这本书仅仅出版了几个月，就成为德意志最畅销的教科书，很快被译成英文、法文和其他文字，成为世界公认的经典。

　　像他这样潜心科研的学者，一般对政治并没有多大的兴趣。有的人政治嗅觉非常迟钝。可是，希尔伯特却与那些人不同，他在周密计算的同时，对人世间的是是非非也保持着清醒的头脑，他绝不会因一时糊涂而模糊了对正义的理解，哪怕是遭到种种误解甚至迫害。

　　数学家不过问世事，世事却来找他了。1914年，第一次世界大战爆发，德国和法国立刻成了交战国，德国上下，掀起了一股股反法的浪潮。军国主义分子为了欺骗百姓，以政府名义起草了一份《告文明世界书》。他们派出一批批人，鼓动如簧巧舌，软硬兼施，威胁利诱，动员社会知名人士在宣言上签字，表示赞成政府对外宣战。

许多知名的科学家签了字。他们有的太糊涂，受军国主义者蛊惑；有的害怕迫害。但是，有两位科学家不为所动，坚决不肯在颠倒黑白、煽动民族仇视的宣言上签字，他们就是伟大的物理学家爱因斯坦和伟大的数学家希尔伯特。

"宣言"发表了，和爱因斯坦一样，希尔伯特遭到了围攻和迫害，狂热的军国主义者煽动他的学生不去听他的课，公开辱骂他是"卖国贼"，但是，希尔伯特丝毫不为所动，依然勤于教书，勤于科学研究。

第二年，法国一位著名科学家去世了。德国科学界迫于军国主义政府的淫威，没人敢吭一声，希尔伯特却公开发表了自己的悼念文章。一些人包围了希尔伯特的住宅，指责他纪念敌国的人是犯罪，要他收回这篇文章。希尔伯特严辞拒绝了他们的无理要求，坚定地认为自己的做法是对的。

第一次世界大战结束了，德国成了战败国。许多国际会议因此不肯邀请德国人参加会议。直到1928年，在意大利召开的数学大会才向德国方面发出了邀请。德国的许多人仍旧怀恨在心，悻悻地不准备到意大利去。希尔伯特认为，再不参加会议是愚蠢的，数学不应该分国界。为了繁荣数学事业，他动员了60多名数学家组成代表团，出席了意大利席丁的国际数学大会，受到了与会者热烈欢迎。

1930年，希尔伯特68岁了，到了法定的退休年龄，为了把位置让给年轻人，他立刻回到了哥尼斯堡，市政厅欢迎这位继哲学家康德之后，第二位在本市出生的伟大学者，授予他荣誉市民证书。参加大会后，希尔伯特又离开家乡，继续自己的研究，直到离开人世。

·神奇的普鲁特士·

　　1865年，在德国一个铁路工人家里，一个残疾的孩子降生了，他被叫做卡尔·斯坦麦茨。他左腿不能伸直，背部隆起，到中学毕业的时候，还矮得像个儿童。但是他表现出了惊人的数学才能，摆弄数字就像摆弄魔术一般让人惊叹。于是人们给他起了个绰号叫普鲁特士，那是希腊神话里一个矮小的海上驼背老人的名字，有千变万化的本事。

　　社会对残疾人的歧视造就了斯坦麦茨的叛逆精神，他曾经成为一名无政府主义者，受到通缉，从德国逃到瑞士，又从瑞士逃到了美国。在美国，他才有机会一展自己的才能，在交流电的功率损耗方面作出了贡献，驯服了电力，让它为人类服务。

　　1892年，斯坦麦茨来到美国刚三年，他就加入了美国电机工程师协会，着手解决交流发电机的制造和交流电的输送问题。当时，发电机虽然已经发明，但仅能搞出一点点电能，离人们向往的目标还相差很远。

　　这一年，斯坦麦茨在美国电机工程师协会的会议上宣读了自己的论文，他一劳永逸精确地计算出交流电功率损耗定律。从此人们可以有章可循地制造发电机。他驯服了交流电，每一个热闹的街区都可以变为光明的王国。他不再是一个不受欢迎的德国移民，而是美国的一名拓荒者。他需要有一个美国式的名字。他那叛逆的性格再一次显露出来，他想到了自己1.61米的短身材，想到了学校里同学们给他起的绰号，于是，他就把自己叫做了查理·普鲁特士·斯坦麦茨，算是向社会开一个不大不小的玩笑。

　　这个矮小的海上精灵果真有千变万化的本领，他不仅用数学方法解决了种种有关交流电的问题，改进了变压器，还发明了保护高压电线的避雷器等等。在这些发明之中，最令人惊讶不止的是研究制造了大容量的电容器。

人们对斯坦麦茨有那么多的期望，希望他制造出更强的电力，更多的光源，更高的电压。而这一切，都是斯坦麦茨心中向往的，他要竭尽全力为这一目标奋斗。

终于，有一天，查理·普鲁特士·斯坦麦茨又要带给人们莫大的惊奇了，他为实验作好了一切准备。他把聚集在实验室门口的一群记者和著名的科学家找来，向他们说："请进，各位尊敬的先生，请看我制出了闪电。"

人们静悄悄地走进了他的实验室，他们发现，实验室的一角，安放着一台庞大无比的发电机。在屋子中央，在一系列的设备之中，有一个微缩的乡村模型，村子里有房屋，有树木，还有一座白色的尖顶的小教堂，一切都做得那么逼真。

矮小的普鲁特士精灵指着模型说："如果各位先生允许，我将让各位瞧瞧闪电毁灭性的威力。"人们面面相觑，谁也弄不懂这位矮老头儿葫芦里在卖什么药。

斯坦麦茨博士挥了挥手，庞大的发电机开始工作，鸦雀无声的实验室里，只有发电机的嗡嗡旋转声，接着，各种元器件也工作起来，强大的电容器也发出释放能量之前的嘶嘶声。

突然，实验室里发出一阵可怕的爆炸声，乡村模型的上空，亮起一道耀目的光芒，一条火舌从"村"中腾起，树木、房屋、教堂笼罩在一片浓烟之中，实验室充满了焦味。等浓烟散尽，人们看到，树木变成了焦土，房屋成了废墟，教堂失去了尖顶。

满屋子的人目瞪口呆，惊慌失措，老半天说不出一句话来。斯坦麦茨却带着悠然的神态，意味深长地开了口："当电力被一双糊涂的手操纵时，它的毁灭性威力简直无法估量；但一双聪明的手掌握了电力，它的建设性威力也难以衡量。"这就是1923年10月，斯坦麦茨对人类最后的劝告，也是他临终前的忠告。

·基因时代的创始人·

　　1866年出生在美国的摩尔根本来是个博物学家，后来才开始转而研究起生物学。即使是开始研究生物学的时候，他对孟德尔的学说仍旧半信半疑，博物学家的经历，使他更倾向于环境的影响而不大看重生物体内部的遗传。但是，踏踏实实的工作作风，一步一个脚印的研究历程，使他改变了原来的观点，成为新世纪重大科学发现的奠基人。他因此于1933年获得诺贝尔奖，担任美国科学院院长。他1945年去世后，科学界公认他为基因学说的奠基人，由他开始，人类对生物的认识进入了一个崭新的时代。

　　摩尔根是在1908年读到德弗里斯的《突变论》一书的。这本书，对业已成名的40多岁的摩尔根产生了极大的影响。他在当时的争论中，勇敢地抛弃了环境决定论，开始从事有关遗传问题的研究，他像以往一样，从实验着手，进一步证实人们寻找的遗传基因。

　　第二年开始，摩尔根采用果蝇来做自己的实验。他选中了一种十分有利的实验材料，因为果蝇生命周期短，只有10到14天，极易饲养，这就加速了实验的进程。另外，果蝇的染色体只有四对，越简单越有利于实验分析，容易从中找到它们遗传的规律。从这一点看，摩尔根幸运地找到了分析遗传规律的突破口，引导他走上了正确的途径。

　　1910年，他在饲养的一群红眼果蝇中，意外地发现了一只白眼的果蝇。这是一种明显的变异，是什么原因造成了这种变异呢？摩尔根用这群果蝇继续实验，发觉这只白眼果蝇经过两代遗传，才会产生另外一些白眼果蝇，它们都是雄性果蝇。一个初步的结论被找到了，果蝇是红眼还是白眼的，决定于它们的遗传基因，而且这种基因同决定性别的基因联系在一起。这实际上证明了遗传基因的存在。

取得初步成绩之后，摩尔根所在的哥伦比亚大学果蝇实验室顿时充满着无比兴奋的激情，他和助手们的聪明才智充分地发挥了出来，他们经过一年的努力，终于画出了果蝇性别遗传图。这张图是由一位年轻助手首先画成的，摩尔根和他的助手们热烈地参加了讨论，最终完善了这张标志遗传学说开始建立的基因遗传图。

正因为摩尔根领导了这样一个民主的研究集体，他们的成功才会来得这么快。而作为长者和知名学者，摩尔根更体现了他的谦逊，他反复强调，自己的成就离不开助手们的支持和帮助，因此当他获得诺贝尔生理学和医学奖之后，他想到了自己的助手们，与助手们分享这一笔奖金。

摩尔根和他的助手们确立了遗传理论，确认每一条染色体上可有许多基因，染色体是基因的物质载体。他们还发明了测定基因相对位置的方法，确立了基因作为遗传基本单位的概念。摩尔根认为，基因是一种物质实体，就像物理化学家看不见原子电子一样，遗传学家也看不到基因。

确定基因的物质性，需要生物化学发展到一定程度之后才有可能。摩尔根去世之后，更多的生物学家对此作出了努力，人们终于确定，摩尔根所说的物质性的基因，是一种呈酸性的核素，即核酸。

完成这一工作的是1928年出生的美国科学家沃森和1916年出生的英国生物学家克里克，他们在1953年4月提出了双螺旋结构的DNA模型。生物学终于进入了分子水平的新时代。

·科学界的楷模·

　　伟大的波兰女科学家玛丽亚·居里1867年生于波兰华沙，她受具有爱国主义思想的父亲影响，在一个中学教师家庭成长，一生研究放射学，发现了两个新的放射性元素钋和镭，1903年与1911年，先后两次获得诺贝尔奖。与她伟大的科学成就相似，她品格高尚，谦逊廉洁、严于律己，爱因斯坦曾中肯地评价她："在我认识的所有著名的人物中，居里夫人是惟一一个不为盛名所颠倒的人。"她是科学界的楷模。

　　在学生时代玛丽亚就具有帮助他人的高尚品格。17岁那年，她从中学毕业了，想进入大学读书。但是，当时波兰大学不收女学生，读大学必须出国，到巴黎去，而且，二姐布罗妮雅也正在等待同样的机会。一个经济并不富有的家庭，怎能同时送姐妹两个一同去读书呢？考虑过几天后，玛丽亚来到姐姐面前，高兴地告诉布罗妮雅："我想到办法了。咱们联合起来，我先去当家庭教师，挣到钱支持你去巴黎读书，等你在巴黎站住脚，再接我去读书。"

　　"不！"布罗妮雅反对，"该是你先去巴黎，你比我聪明，成绩也好。"玛丽亚坚定地摇了摇头，坚持让姐姐先去巴黎，原因只有一条，"因为你已经20岁，我才17岁"。听了这话，姐姐感动得淌下了眼泪。布罗妮雅在巴黎学医，5年之后，玛丽亚坐着马车从乡村回到华沙，姐姐实践自己的诺言，接妹妹到巴黎去，开始了大学生活。

　　在巴黎，玛丽亚刻苦攻读，到1893年取得了硕士学位，不久便与比埃尔·居里结了婚。婚后，她和比埃尔经过5年的艰苦奋斗，不仅发现了两种放射性元素，还从成吨的沥青废矿渣中，提炼出了放射量比铀强一百多万倍的镭。尽管他们只提炼了0.12克镭，但是，由于发现镭具有医疗效果，它的价值高达100万法郎，居里夫人把它无偿地送给了一个治疗癌症的医疗单位。

许多朋友责怪她，为什么不替自己子女想一想，把这笔财富留下来。居里夫人却说："只要能为人治好病，甚至只要能减轻病人的痛苦，我们的工作就不算徒劳。"至于自己的孩子，她更认为，"贫困固然不好受，但是富裕却也没有必要"。她要自己的孩子用勤劳的双手去开拓自己的生活道路。

不仅如此，当放射性元素的功用越来越大的时候，世界上许多科研单位都把提炼镭当作生财之道。美国就有人写信给居里夫人，建议她申请生产镭的专利权，他们有意与居里夫妇合作生产这样宝贵的金属。

当时，如何提炼镭是居里夫妇的秘密。他们进行了严肃的讨论，玛丽亚·居里挥了挥手，想了几秒钟，然后说："我们不能那么办，那是违反科学精神的。"接着又说："科学家总是将研究成果全部发表的。我们的发现不过偶然产生了商业用途，我们决不能借此来谋利。"居里完全赞成玛丽亚的意见，他们毫无保留地公布了提炼镭的方法。从此，在教学和科研之外，他们又多了一项任务：许多人对镭发生兴趣，前来咨询，玛丽亚·居里总是热情地接待，耐心地解决来访者的问题。

长期的劳累和不断地接触放射性元素，严重地损害了玛丽亚·居里的健康，她身体日渐衰弱，1934年7月4日，她因放射病离开了人世。临终前，她只提出了一个要求，不要为她举行惊动社会的葬礼，只要把她埋葬在巴黎的郊区，永远和比埃尔·居里在一起。她早就给自己写下了寥寥数语的自传："我出生在华沙，家中的人们担任教师。成年之后，同比埃尔结婚，生养了两个女儿。平生的工作是在法国完成的。"她的功德和她的这篇墓志铭一道，将永载史册。

·要识庐山真面目·

当物理学对物质的研究进入原子、电子或者更小层次的微粒时，人们急着要寻找一种能看到微粒"庐山真面目"的工具。因为即使是最好的电子显微镜，也无法观察到电子及任何一种带电的粒子，所以，科学家们渴望的工具一时间"千呼万唤"不出来。这个制约着微观世界科学发展的问题，在英国科学家、1869年诞生于英格兰的威尔逊偶然一瞥之中，居然得到了解决。这位牧民的儿子也因此获得1927年度的诺贝尔物理学奖。

1894年暑假，正在读大气电学的剑桥大学物理学研究生威尔逊应邀到尼维斯山顶的气象台，进行一个阶段的研究工作。尼维斯山虽然只有1343米的海拔高度，但却是大不列颠岛的最高峰，那里云遮雾绕，一派绚丽多彩的景象。工作之余，威尔逊总要到气象台的高处，俯视脚下云雾中时隐时现的风光。

有一天，阳光灿烂，照耀着山顶周围的云层，云雾之中，呈现出一种非常奇妙的光学现象。威尔逊突然产生一种冲动，想在实验室里模拟这种光学现象。把大自然的这种美妙的景象在实验室再现，谈何容易！它牵涉到阳光，云层，云层的高度、温度，大气中各种物质、磁场、光电效应，电磁波等等交叉复杂的因素。应该从哪一方面入手研究呢？威尔逊百思不得其解。

第二年，科学界传出一个惊人的消息，伦琴发现了X射线，除了铅以外，这种射线都能穿透。威尔逊立刻联想到，那种奇异的光学现象，是不是各种射线和粒子一齐穿透引起的呢？他想采用一种射线来实验一下。威尔逊用一只充满饱和水蒸气而且没有尘埃的空气管代替云雾，用X射线照射。实验的结果发现，X光确实会使管子里的空气膨胀，还在玻璃管中形成一片云雾。

为什么会有这种变化？威尔逊反复做了实验，对产生的现象作了分析，得出一个结论：受到带能量的粒子流的穿透，饱和水蒸气玻璃管里就会产生空气分子的游离离子，这些离子跟自然界大气中有了尘埃或电荷一样，都会凝成云雾。他终于认识到，自己在尼维斯山上不经意的一瞥，产生了一种奇想；这种奇想又引出了一连串的实验，实验得出上边的结论。这个结论恐怕能提供一种检测微粒的方法。

威尔逊把自己的发现告诉自己的老师汤姆生，汤姆生立刻用这个办法来测验电荷值，这便是云雾现象的第一个用途。以后，威尔逊又通过云雾现象的研究，发现大气之中常有离子产生，公园和郊外原野更多。

但这些还不是云雾现象的最重要作用。威尔逊在汤姆生的指导下，制造出一种仪器，叫做云雾室，可以检测到任何通过它的粒子。像电子，它虽然极小，运行速度极快，但也会留下痕迹。这种痕迹可以留在云雾室中，形成一道细长的雾粒径迹，这种径迹可以用照相机拍摄下来，这就让人们能够识得微粒运动的轨迹，从而识得电子的"庐山真面目"。

正是当初威尔逊萌发的那个念头，研究自然云雾的目的才能得以实现。如今人们模拟自然，创制了冷云、暖云等等云雾室。在实验室中，可以对云的形成、云中的光电现象、人工降雨等等进行研究，从而促进了物理学、化学、气象学等一系列学科的发展。

·惜才爱才卢瑟福·

1871年，在新西兰农村的一所小木屋里，诞生了一个孩子，他就是原子迷宫的探索者欧内斯特·卢瑟福。卢瑟福的一生是追求知识的一生，他的一生取得了许多重大的科学成就。他一生中最大的成就，是打开了原子的大门，他的原子结构模型称为卢瑟福——玻尔原子模型，是他跟丹麦青年物理学家玻尔共同发现的，玻尔曾是卢瑟福的学生，卢瑟福对青年的爱护，促成了一段科学史上的佳话。

卢瑟福在新西兰大学坎特伯雷学院取得理科学士学位后，就去了英国剑桥大学卡文迪许实验室继续深造。1910年之后，他接任了卡文迪许实验室主任之职，他始终关注科学最前沿的问题，努力研究探索原子世界的奥秘。

最早提出原子结构模型的，是卡文迪许实验室的前任主任汤姆生，他的设想，原子就像一个西瓜，瓜瓤像原子内均匀分布着的正电荷，瓜子就是电子。卢瑟福却认为原子不可能是这样，因为他用α粒子轰击气体时，绝大多数粒子都飞得无影无踪，只有个别的α粒子被反射回来。这只能说明，原子内部大部分应该是空的，决不是均匀分布着的瓜瓤和瓜子。

那么，原子的结构究竟是怎样的呢？1911年，卢瑟福经过长期的思考和研究，脑海里出现了一幅崭新的图案。他走进助手盖克的房间，兴致勃勃告诉他："我已经知道，原子应该是怎样一种结构了。"稍停了一会儿，他抑制住激动的心情，平静地说："我们大致可以把原子设想成一个小小的太阳系。"

卢瑟福接着解释：原子是一种空旷的结构，它的中心有个体积极小、质量极大的带正电的原子核，电子就像太阳四周的行星，在遥远的空间围绕太阳旋转。只有这种解释，才能解决一个悬而未决的问题：为什么只有个别α粒子在轰击中被反射回来，因为只有击中原子核的α粒子才能以相等的速度反跳回来。

卢瑟福在科学上取得了伟大的成就，从此，原子和原子核物理学便诞生并发展了起来。卢瑟福打开了原子的迷宫，他成为当时最伟大的实验物理学家。因为他对原子结构的解释大大推进了化学学科的发展，卢瑟福获得了诺贝尔化学奖。

一面伟大的旗帜下，总会聚集无数的战士。在卢瑟福当主任的卡文迪许实验室里，立即聚集起大批有志于科学的青年。卢瑟福爱才惜才，无微不至地关怀着他们，学生们也都乐意跟这位平易近人、循循善诱的伯乐相处。卡文迪许实验室被当时的科学家称为"科学天才的幼儿园"，培养出十位诺贝尔奖获得者。

在这批人中，就有丹麦的青年物理学家玻尔。玻尔曾投师于汤姆生门下，他初出茅庐，不懂世故，刚进门便送上一篇与西瓜模型唱对台戏的博士论文，惹得汤姆生勃然大怒，拒绝发表他的论文。

吃一堑，长一智。来到卢瑟福门下，观察敏锐的玻尔偏偏发现了卢瑟福的模型仍有缺陷，并设想出可以引入普朗克的量子理论作必要的修正。可他心有余悸，足足拖了半年，才惶惶然向卢瑟福谈出了自己的看法。

玻尔没想到，卢瑟福满怀热情听完了他的设想，对他的意见大加赞赏，指点他作进一步周密的思考和计算。玻尔在卢瑟福的鼓励下，写出了自己的论文，卢瑟福字斟句酌，几次提出修改意见，以后又把论文推荐到最著名的《哲学杂志》上发表，立即震动了学术界。玻尔也因卢瑟福——玻尔原子模型的成功获得了诺贝尔奖。

1937年11月，卢瑟福在《自然杂志》发表最后一篇论文三个月时溘然逝世。但是，他的实验室培养出的两代世界第一流物理学家仍然继续着他的事业。

·一波三折的发明·

德福雷斯特，这位1873年出生的美国伊利诺斯州人，本是一位极普通的人。要不是在1899年一次展览会上邂逅无线电的发明者马可尼，他可能只是位电气工程师。那次相遇使他成为发明家，而他发明的三极管给现代电子工业奠定了基础，极大地改变了人类社会的面貌，因此人们称德福雷斯特为现代电子工业的鼻祖。

1899年深秋，马可尼带着他的无线电发报机到纽约展览，年方26岁的理学博士德福雷斯特久久站在展品前不愿离去。他指着一只充满金属屑的玻璃管询问讲解员，这是不是发报机的关键部件金属屑检波器。他懂行的一连串询问引起了一旁马可尼的注意。马可尼走上前来，愉快地跟这位素昧平生的年轻人交谈起来，鼓励德福雷斯特改进金属屑检波器，给无线电添上强大的"心脏"，进一步增大通讯距离。马可尼的话，立即点燃了德福雷斯特心中的发明之火，引导他走上了发明之路。

德福雷斯特辞去了芝加哥西方电气公司的工作，在纽约租了间小屋，潜心开始改革检波器。冬去春来，两年之后，他发现每当无线电波传播时，他的煤气灯便一明一暗地闪烁，原来火焰也能够检波，于是他想用火焰代替金属屑，制成火焰检波器。实验的结果却不十分理想。于是，他断然抛弃花了数年才得到的成果，把目光集中到同样发光的灯丝上去。果然，炽热的灯丝可以替代金属屑，而且灵敏度比金属屑高出许多。

德福雷斯特还没来得及高兴，科技界传来一条消息：英国的弗莱明在大发明家爱迪生指导下，已发明了真空二极管，方法跟自己的完全一样，而且已申请了专利。他真羡慕那位英国同行，同时也为自己功亏一篑而叹惜。

德福雷斯特不是一个见难而退的人，他觉得缺口既然已经打开，就应该继续扩大阵地，让更好、更出色的部件来武装无线电，绝不能半途而废。

德福雷斯特仔细分析了弗莱明的二极管，发觉它用灯丝上活跃的电子替代金属屑，检波的灵敏度确实提高了许多。但是，它只能作检波，不能放大接收到的无线电讯号，因此也不能扩大无线电的收发距离，那些讯号是那么弱，即使检波器能灵敏地把它捡拾出来，也还是不能变成有效的讯号。

于是，德福雷斯特在真空管里封进了第三个电极，起初是一片很小的锡箔，位于灯丝和屏极之间。他惊奇地发现，当向这个第三极输入一个微弱信号，就可以改变屏极电流的大小，两者的变化规律也完全一致。

德福雷斯特立即意识到，这将是一个放大信号的办法，这正是人们梦寐以求的目标。他不断进行试验，努力提高对屏极的控制，以便增强放大作用。最后，他用铂丝网代替原来的锡箔，真正地创造出世界上第一只兼检波和放大作用的三极管。

三极管成功了。但是好事多磨，此时的德福雷斯特已经一贫如洗，他无法自己制造无线电事业需要的三极管，只得带着自己的发明到一个个大公司游说。不料因为他衣着破旧，面色憔悴，老板们看不起他，没有接受他的发明，反而说他用莫名其妙的破玻璃管公开行骗，把他扭送到警察局，并进行了一场公开的审判。

结果，审判成了一场笑话。发明家在法庭上宣传自己的发明，得到科学界的支持，年轻的发明家取得了胜利。1906年6月，德福雷斯特终于获得了真空三极管的发明专利权。

当1961年德福雷斯特去世时，由于三极管的发明，以及接着被发明的多极管，整个电子工业已经变成了极其庞大的产业。电视、电子计算机、收音广播设备等，一系列电子产品已经极大地改变了世界的面貌。

·马可尼与无线电·

古格利耶尔莫·马可尼是无线电的发明家，他1874年出生于意大利的博洛尼亚，受过良好的家庭教育。他发明的无线电技术，不仅对无线通讯，而且对日后电视技术、微波传送技术的产生也有深远的意义。由于他在无线通讯方面的卓越建树，于1909年获得了诺贝尔物理学奖。马可尼于1937年在罗马去世。

1844年，当莫尔斯架起他第一条有线电报线路之后，容易满足的人们已经惊叹它的伟大了，当1856年，漫长的大西洋海底电缆铺设完成之后，人们已经开始把有线电报视为至善至美的通讯方式。但是，科学家们并不因此而满足，他们选中了另一种可以发展成通讯工具的东西，那就是电磁波。它可以在空中自由传播，再也不用架设电线，科学家们称它为无线电。

1894年，当马可尼刚刚20岁的时候，他就读到了赫兹教授有关无线电波的著作。可惜赫兹英年早逝，来不及把自己的理论转化为现实，年轻的马可尼也无法向他请教。于是，马可尼决定，依靠自己的力量，把科学的预测变成具有实用价值的通讯工具。

要弄出一个依靠电磁波和莫尔斯电码传送信息的机器似乎没有难倒马可尼，关键是检波。马可尼采用了英国人洛奇改良的金属检波器，在一年之后便制造了一台无线的收发报机，但是只能收到800米内的信号。

为了增加收发距离，马可尼设计了天线和地线。距离逐渐增大，从1895年的1600米逐步加大，到1901年，他已经建立起英国与加拿大之间的联系，不用海底电缆，便能收到大西洋彼岸的信号，马可尼的无线电取得了预想中必须达到的效果。

马可尼的无线电报，其功能远远不只是代替莫尔斯有线电报，绝不仅仅是省去那些长长的海底电缆，而是它又提供了一种更现实的用处，能把信号传送到没有电缆的地方。比如，可以随时与海上的船只联系，发送必不可少的电报。

这项新发明的重要意义，在1909年戏剧性地得到了证明。那一年，一艘名叫"共和号"的蒸汽机动力海轮航行在茫茫大海之中，因为风浪而触礁，船体因碰撞而受损。船只正在慢慢下沉，眼看一场船毁人亡的惨祸不可避免地就要发生了。

这种情况如果发生在往日，灾难无论如何是无法避免的。急于挽救他们生命的人，根本无法在无边无际的大海中，寻找到他们遇险的地点。

但是，这一次，"共和号"上配备了无线电报。当船只遇险之时，无线电报及时地发出了求救信号，并且准确地报告了遇险的地点。附近正在航行的船只收到了信号，纷纷向出事地点赶来，救起了漂流在海面的船员，创造了海难抢救的奇迹。

晚年的马可尼继续对短波进行探索，还开始了对微波通讯的探索。他的发明和探索，开启了无线电及其分支的研究历程，从而影响了电视等传播手段的研究。

无线通讯至今还是人类通讯的一种主要手段，卫星传送、星际飞行都离不开它。马可尼发明的无线电技术对当今世界仍有着非常重要的现实意义。

·失踪的诺贝尔奖得主·

  著名的奥地利耳科专家巴兰尼出生于19世纪的70年代，他童年过着清苦的生活，因为患上骨结核，他一条腿的膝关节无法弯曲。但残疾反而坚定了他的信念，立志当医生替别人医好同样的疾病。然而命运却让他走上耳科医生的道路。他因为在内耳前庭的生理病理研究方面作出了杰出贡献获得了诺贝尔奖，他的有关著作直至现在，仍是耳科医生的经典。

  十几岁的时候，巴兰尼就在著名的耳科专家浦立吉教授诊所中当勤杂工了。但他与其他人不同，在教授的指导下，他花了整整七年时间读完了浦立吉耳科诊所的藏书，成为教授的得力助手，甚至能代替教授到维也纳大学作耳科专题讲座。这个讲座延续了半年，引起了震动，没有高层次学历的巴兰尼因而被聘为讲师。

  自学成才的巴兰尼已经成了耳科诊所里一名主要的医生。他并没有就此心满意足，停步不前。在当医生的实践中，他敏锐地找出了自己的研究方向，坚持不懈地从理论和实践方面解决实际问题，取得了出色的成就。

  在用水冲洗化脓的耳朵时，病人总会感到眩晕，眼球也会产生震颤。这种现象对耳科医生来说也许司空见惯，可巴兰尼却偏偏要追根刨底。他经过多次实验，发觉水温不同，反应也不同。

  但是，冷热水又是怎样刺激人的内耳，产生不同的反应呢？巴兰尼从水的上下层水温不同，会产生对流的物理现象，作出了大胆的推测，当热水和冷水刺激内耳时，内耳半规管中的内淋巴也会因冷热不均而刺激耳蜗神经，从而产生眩晕或眼球震颤的反应。于是，他在

1910至1912年间，先后发表了一系列有关论文，他的专著很快成为耳科生理学和病理学的经典。

1914年，第一次世界大战爆发了，这一年诺贝尔奖授给了巴兰尼，以表彰他在耳科医学方面的卓越贡献。可是，主持诺贝尔奖颁发仪式的瑞典卡罗琳医学院却遇上了麻烦，获奖者巴兰尼竟然下落不明，连获奖通知书也无法送出，更谈不上举行授奖仪式了。

欧洲各大报纸和电台迅速对这种意外作了详细的报道，希望能引起各界关注，并找到这位神秘消失了的著名医生。半年过去了，这位诺贝尔奖得主却依然杳如黄鹤，谁也说不清他怎么样了。

让人想不到的是，这位耳科专家居然被关押在遥远的西伯利亚一个战俘营中。世界大战爆发后，巴兰尼认为，医生应该以救死扶伤作为己任，他报名上了前线，担任一名战地医生，替伤员解除伤痛。

无情的战争打破了一切合理的规律。正当巴兰尼在战火中替士兵解除苦难时，他所在的部队却在与俄军的作战中被击溃，巴兰尼无法避免地当上了俘虏，被当作一名普通军医，押到寒冷的西伯利亚，在战俘营里默默无闻地苦度岁月。

直到1915年，诺贝尔基金会才几经周折，弄清了巴兰尼的下落。幸好瑞典当时是中立国，通过外交途径，才把获奖通知书送到了巴兰尼的手中，这件事在战俘营中引起了巨大的震动。到这时，战俘营的看守们才知道，一位貌不惊人、身患残疾的被俘医生，居然是获得世界荣誉的学者。

由于种种原因，直到1916年，经过瑞典红十字会卡尔亲王的交涉，俄方才答应释放巴兰尼，于是，卡罗琳医学院在斯德哥尔摩举行了迟开了两年的授奖仪式。这一年，由于战乱，无法评出诺贝尔奖的年度奖，只有巴兰尼接受了两年前颁发的奖金。

·荒唐中的伟大发现·

在人类所有的疾病中，常常遇到大量失血的现象，特别是战争中，受到伤害的人常常因失血过多而很快死亡。出现这种情况，好像除了依靠患者自己的造血功能以外，几乎没有什么好办法解决。有人试图把动物的血，或者人血输入患者血管，但往往却招致严重的后果。直到1901年，出生在19世纪70年代的年轻的奥地利医生兰德施泰纳博士，经过实验发现了人的基本血型，安全地输血才成为可能，他自己也因这一重大发现，获得了1930年的诺贝尔生理学和医学奖。

据说人类尝试输血的手术产生在17世纪。那时的法国有一对夫妇，因为感情不合，经常发生争吵甚至斗殴。妻子认为，夫妻间的冲突其根本原因是丈夫的脾气太暴躁。当时的理论认为，血液是影响一个人脾性的根本原因，因此，她认为只要给丈夫输入羔羊的血，他就会变得温顺起来。

她找到一名叫丹尼斯的医生，要他给自己的丈夫输血。也不知道是因为医生太相信古代欧洲的医学理论，还是这位妇人凶恶得谁都不得不服从。1668年的一天，丹尼斯真的给她丈夫输了羊血。

那位男子血管中输进150毫升羊血之后，居然没什么变化，脾气却依然火爆如昔。丹尼斯遵照妇人的嘱咐又给输了一次，这一次，那汉子很快就感到剧烈的胸闷，心跳加剧，在狂躁中死去。悲剧发生后，丹尼斯因过失杀人入狱，法国政府从此禁止了这种行为。

周围的人无不嘲笑恶妇的无知，丹尼斯医生的荒唐。但是，认真的医生却不能停留在嘲讽的层次上，他们必须解决救死扶伤的重大问题。面对把人血输入患者血管后，有的安然无恙，有的立即死亡这种现象，人们开始从各种途径进行解释。有的说不同种族是输血失败的原因，有的说只有具备家属血亲的人才能输血，但事实却与他们的解释背道而驰，仿佛一切都是偶然，没有什么规律似的。

兰德施泰纳医生最终找到了正确的答案。为什么会出现不同的输血反应，他认为，人的血液本身可能各自具有不同的类型。于是，他抽取了六个人的血液，制成血清，然后分别配制，把血清和留下的红细胞混合，结果发现，有的血清会凝集，有的不凝集。分析这一结果后，他找到了一个结论，人的血液分成三种类型，他称之为Ⅰ型、Ⅱ型和Ⅲ型。

当实验范围扩大后，人们又找到了第四种血型，这就是我们目前所知人类四种血型：A、B、O型和AB型。人们发现，A型和B型除同类型血液外，还可以接受O型血，O型只能接受同类型血液。AB型可以接受任何类型的血液，但除同类血型外，不能输给别的类型血液的人。除此以外，还有一些特殊的血型。

在基本血型被确定，并进一步弄清它们之间的输、受关系之后，安全的输血就成为可能，为挽救无数人的生命，减轻无数人的痛苦，人们建立了血库，这样一来，就可以随时取到合适的血液，输入病人的血管。

一个贻笑天下的荒唐笑话，竟会引出一种具有伟大意义的发现。两者之间看似风马牛不相及，但是，科学家从分析血液的差异入手，找出了具有决定性意义的差别，找到了解决难题的钥匙。血液有四种基本血型，它们之间又存在一定的配对关系，这便是人类血液的根本差异。兰德施泰纳是这个差异的发现者，他的伟大成就为后人带来了福音。

·魏格纳魂系格陵兰·

何尔弗雷德·魏格纳是德国著名的气象学家和地质学家，"大陆漂移"说的创始人。他1880年出生在柏林的一个孤儿院院长的家庭，他自小喜爱科学，热心到极寒的北极地区探险。26岁的时候，曾和弟弟库特创造过用气球探测北极地区的世界飞行记录。他一生四次去格陵兰考察，在那里找到了大陆漂移的证据，建立了一整套大陆漂移的学说。他终身为这个学说奋斗，1930年，他为自己的学说献出了宝贵的生命，在他魂系梦牵的格陵兰罹难。

魏格纳大陆漂移学说，萌发于一次偶然的发现。1910年，他刚刚结束自己第一次对格陵兰的考察，正在家中养病。卧室里，病床对面的墙上，挂着一幅世界地图。这幅地图魏格纳不知看过了多少次，这次却让他惊异不止。他凝视着巴西的亚马孙河口，又把视线转移到非洲的几内亚湾。他想：为什么大西洋两岸的海岸线会如此相似？以致可以把这两处镶嵌在一起？难道它们本来就是一块完整的大陆，后来才分离成现在这样吗？

魏格纳不由得想起了自己刚刚经历的探险。格陵兰，是块冰雪的大地，那里的冰层厚度，有的竟然达到1500米，而巨大的冰山确确实实在移动着。既然这么巨大的冰山会移动，那么，大陆的漂移也不是绝对不可能的了。

他仔细阅读前人的研究结果，从古代生物化石，从地质学，从气象学等各方面，寻找到了南美洲和非洲原本属于同一大陆的证据，更坚信了自己的推测。于是，他在1912年的法兰克福地质会议上，发表了名为《大陆的水平移位》等几篇讲演，公开了大陆漂移学说。

他的学说一经公布，立刻引起了大规模的争论，许多守旧的科学家猛烈反对他的学说，对于涌来的轩然大波，魏格纳丝毫不作退让，他第二次到格陵兰探险，去寻找整个格陵兰岛正在漂移的证据。

正当他为科学奋斗之时，第一次世界大战爆发了，他被征召入伍，中断了自己的研究。战争中，魏格纳的手部和颈部负了伤，被送进了医院。在后方医院，魏格纳一边养伤，一边继续研究，出版了划时代的地质著作《海陆的起源》。战争结束后，魏格纳第三次奔赴格陵兰岛，这一次，他找到了真实的证据：格陵兰岛正以每年一米的速度漂离欧洲大陆，大陆漂移学说得到了更多人的支持。

但是，传统的地质学派根本不肯承认魏格纳的新学说。他们猛烈攻击魏格纳的学说是"毫无根据的幻想"，是"儿童七巧板式的发明"。1926年，这些人甚至在纽约组织了一次"讨论会"，用投票的方式确定魏格纳学说的正确与否，结果到会的14名学者，有两人弃权，五人赞同魏格纳的观点，另有七人反对，有了这个表决结果，魏格纳便成了所有地质学书籍嘲弄的对象。在美国，哪一位教授要在课堂上讲授魏格纳的学说，就会被端走饭碗，大陆漂移说在权势的压制下沉寂了好长一个阶段。

魏格纳并不因为压力而沉沦，他说："无论发生什么事，必须首先考虑不要让事业受到损失。"他不顾自己虚弱的身体，在1930年第四次踏上了魂系梦牵的格陵兰岛，为自己的学说寻找新的证据。

这年的11月1日，探险队的人们刚给魏格纳过了他50岁的生日，就传来爱斯密特基地缺乏给养的消息，魏格纳决定把给养送到基地去。他这一去，便与大本营中断了联络。无线电联系中断，飞机无法搜寻到目标，格陵兰冬季之夜漫天的冰雪，使一切搜索工作不得不中断。

无情的大风雪一直刮到第二年的4月份。这时候，搜索队才在离大本营189千米处发现了魏格纳，他静卧在冰雪下的睡袋中，仿佛刚刚睡去。魏格纳在他钟情的格陵兰，用生命为自己的科学事业，谱写了一曲悲壮之歌。

·他拯救了千百万人的生命·

亚历山大·弗莱明1881年出生于苏格兰的洛奇菲尔德，从伦敦圣玛丽医学院毕业后，潜心研究免疫学。第一次世界大战时，他是军医，看到许多伤员因为伤口感染丧失了生命。当时的许多抗菌剂无法抑制感染，有的对身体细胞的损伤比细菌还厉害。他决心发现一种既能消灭细菌又不伤害人体细胞的物质，拯救千百万人的性命。

但是，发现的过程并不一帆风顺。直到1922年，弗莱明才从人体的黏液和眼泪中，发现了一种溶菌酶，它对人体无害，也能把某些细菌杀死，可惜这些被杀死的细菌对人体并无多大伤害，这个发现意义并不大。

弗莱明并没有罢手，他千方百计改变这种溶菌酶的功能，努力使它能发挥更大的杀菌作用，把对人类特别有害的细菌杀死。可是，一次次的实验都遭到了失败。这种研究进行了7年，还没有一点进展。

1928年的夏天，天气特别炎热，弗莱明所在的赖特生物研究中心宣布，为了避过酷暑，全部研究项目暂时中止，放假避暑。心烦意乱的弗莱明一反常态，抛开一向讲究整洁的习惯，扔下一个乱七八糟的实验室，就到海滨避暑去了。

一场休假确实缓解了弗莱明焦躁的心态，当他从海滨回赖特生物研究中心的时候，已经变得心平气和，充满了干一番事业的信心。走进自己的实验室，弗莱明大吃一惊，简直不敢相信，满目疮痍的状况，会是自己的杰作。没有洗刷过的器皿，居然都长满了绿色的霉菌。他只觉得满脸发烧，简直后悔莫及。他不愿意让别人知道自己的失误，便亲自开始打扫起实验室来。

　　按照往日的习惯，弗莱明一个个整理着培养细菌的器皿。突然，他发现，在培养葡萄球菌的一只器皿中，长了一撮绿色的霉菌，在霉菌的周围，原来生长的葡萄球菌竟然全都消失了。葡萄球菌可是引起伤口化脓的主要原因呀！正是弗莱明要消灭的主要对象，现在却被一种自己没有发现的物质铲除了，这真是重大的发现。

　　弗莱明兴奋极了，立刻按照同样的方法实验起来，等葡萄球菌迅速在培养皿中生长的时候，弗莱明在培养皿中，接种上绿色的霉菌，两种细菌一齐争夺着营养，一同生长起来。霉菌果然威力无比，迅速杀死了自己四周的葡萄球菌，在这场生死之争中，葡萄球菌成为了失败者。弗莱明在自己那本灰色的笔记本上，写下了一句使他誉满全球的话："这表明，在霉菌培养液里，包含着对葡萄球菌有溶菌作用的某种物质。"这种物质，后来被称为青霉素。

　　当然，弗莱明只是一位研究人员，当他第二年发表了自己的发现后，很长一段时间内，青霉素只是实验室的研究对象，他无法找到提纯青霉素的方法，没能发挥它的医疗用途。10年之后，英国人弗洛里和德国人钱恩终于完成了提纯青霉素的工作，并在动物和病人身上试用了这种药物，取得了惊人的效果。

　　战争再一次推进了青霉素的生产和使用。第二次世界大战中，由于前线医院的迫切需要，英国和美国政府大力支持了青霉素的生产，研究出了大批量生产这种神奇药物的方法，拯救了许许多多伤病员的生命。到1945年的时候，青霉素已得到广泛应用，成为首选的抗菌药物。

　　就在第二次世界大战结束的那一年，弗莱明和弗洛里、钱恩一同获得了诺贝尔奖。作为这种药物的发现者，弗莱明得到了最高荣誉。他虽然在1955年离开了人世，但青霉素至今还是使用最广泛的抗菌素药物。

·联想的启示·

施陶丁格1881年出生于德国，是著名的化学家。他22岁取得化学博士学位，仅过了两年他就因发现新的化合物而闻名于学术界。他一生治学严谨，成果丰硕。1953年，因为对高分子的卓越发现而获得诺贝尔化学奖。这时，他已达73岁的高龄。

20世纪的前20年，化学家们对分子的认识已经越过了我们在初级化学中可以学到的那些内容。1910年，俄国物理学家和化学家列别捷夫还合成了人工橡胶。但是，当时因为对橡胶这一类的物质知之甚少，无法了解它们是如何组合成功的，因此他的人工橡胶质量比天然橡胶差得很远。如何才能够用人们早已熟知的碳、氢等元素，合成理想的像橡胶这样的物质，成为困扰化学家们的一大难题。

施陶丁格面对这样的难题，起初也是束手无策。1920年的一个晚上，快到40岁生日的施陶丁格做了一个奇怪的梦。在梦中，他像一个孩子般来到了广阔的大自然中，尽情享受着大自然赋予每个人的乐趣。

他抬头仰望长空，只见许多小天使一般的小鸟正在湛蓝的天空一边飞舞，一边欢唱。突然间，从高空飞来一只凶猛的秃鹫，带着尖锐的啸声扑向小鸟。眼见得"小天使"们便要灾祸临头。

施陶丁格正吓得心惊肉跳，他突然发现，那些"小天使"不但没有四散逃窜，反而迅速地手拉起手来，组成一道防线，无论秃鹫向哪一点冲击，这道防线总是牢牢地连接在一起，秃鹫在屡次进攻失败之后，不得不悻悻地离开，小鸟们依靠坚固的防线取得了胜利。

施陶丁格在欣喜中猛然醒来，孩提时代的乐趣在梦中重现，使他这个年届不惑的科学家也禁不住浮想联翩。突然间，眼前困扰自己许久的问题闪现在脑海，莫非一个个像梦中"小天使"般的简单化合物"手拉手"地连在了一起，就会产生可以"战胜秃鹫"的特有性质？得到充满童趣梦境的启示，施陶丁格开始研究这种构造的可能性，他把这种连接在一起的巨大的分子称作"高分子"。

在取得一定证据的基础上，1928年，施陶丁格在德国物理和胶体化学年会上，提出了"高分子"概念并予以论证。但是，与会者好像是在听某某一个人身高几千米，体重几万公斤的神话，没有人肯为他的论证点一下头。

施陶丁格的论述遭到了强烈的反对，但他却不肯放弃，他坦然地继续朝着能发挥自己想像力的方向前进。幸好当时的观测设备已经有了长足的进步，到1937年，他终于利用电子显微设备，拍摄到直径只有10毫微米的糖原分子的微观电子图像，证实了一个糖原分子的分子量是普通分子的150万倍，证明了高分子跟普通分子相比，确实是一个神话般的巨人。

仅仅过了一年，从美国传来好消息，美国工程师卡罗瑟斯用人工合成了著名的高分子化合物"尼龙66"，这种高性能人工合成产品的理论根据，便是高分子结构的理论，合成高分子化合物的生产实践，进一步证明了10年前施陶丁格理论的正确。

在取得理论根据，并在实际生产中获得了效益之后，人类的化学工业进入了一个新时代。合成橡胶、合成纤维、新型塑料等高分子化合物成为新一代化工产品的代表。人们可以根据需要，设计种种不同的高分子材料。它们有的比钢铁还要坚硬，有的可以经受极大的拉力，有的可以在严寒中保持自己的特性。这些，便是施陶丁格在作出新发现25年之后，获得诺贝尔奖的原因。

·进军宇宙的孤胆客·

19世纪90年代，俄罗斯的齐奥尔科夫斯基创立了宇宙航行的理论，成为宇宙航行的先驱。他孤身奋斗，得不到任何支持，因此也无法实践自己的理论。无独有偶，在20世纪20年代，一位美国青年学者，1882年出生于马萨诸塞州的罗伯特·高达德，在没有得到政府任何支持的情况下，独自奋斗，试飞和改善了火箭，成为宇宙航行时代的开创者。

1911年，高达德在克拉克大学获得了物理学博士学位，立刻投入了对火箭技术的研究。1919年，他就出版了《达到超高空的方法》一本小册子，书中探讨了利用火箭到达月球的可能性。这本只有69页的小册子当时并没引起人们的注意，它的下场比齐奥尔科夫斯基还要悲惨，因为齐奥尔科夫斯基还可以说是独创，而高达德甚至被有些人看做拾人牙慧。

但是，高达德并不因此而气馁。他一边进行理论性的研究，一边积极进行发射火箭的试验，他先用固体燃料火箭试验火箭各系统的功能是否完善，然后把这些设备装上可以进行宇宙飞行的新型燃料火箭上去。

到了20世纪20年代末，高达德的准备工作已经基本完成，他得到一笔慈善基金，在新墨西哥州的一块荒凉的土地上开辟了一个试验场。

试验场上，新的火箭已经靠在发射架上。这枚火箭的推进系统是由汽油和液态氢作引擎。燃烧室里，这两种燃烧点火后，会产生强大的推力，把火箭推向天空。同时，低温的液态氢还会冷却燃烧室壁，使它保持冷却。

另外，在火箭上，还有控制火箭飞行方向的转向装置，以及使火箭沿正确方向飞行的陀螺仪。火箭里，装着气压表、温度计，用照相机定时拍摄下气压和温度的计数。发射火箭时，许多人到现场观赏，人们议论纷纷，预测着这枚高大火箭的命运。

试验开始了，高达德下令点火。从直立的火箭尾部燃烧室里，喷出阵阵浓烟，爆发出巨大的轰鸣。火箭慢慢地抬升，速度越来越快，到一定高度开始倾斜，然后渐渐消失在蓝色的天幕之中。

试验成功了，数据显示，它的时速超过音速，飞行高度达到2500米，所有的设备都经受住考验，装载的测量仪器也完成了任务。高达德在取得所有应得的数据后，挥动着手中的纸片，大声对助手们说："看来，这一下我们创造了奇迹！"

但是，历史并没有真正给这位创造者大展鸿图的机会，美国政府并不关注和支持这位独自奋斗的英雄。当世界面临第二次世界大战的危险时，重视现实的政治家们，关心的只是各种型号的飞机，即使到了第二次世界大战期间，他们也只拨给高达德可怜的预算，要他试制一种小型火箭，来帮助航空母舰上的舰载飞机，加速从甲板上飞向天空。

在同一个时期，火箭却得到了德国的青睐。他们是第一次世界大战的战败国，条约不允许他们发展像飞机这样的进攻性武器，于是他们相中了火箭这种更有威胁的武器，他们制出了像V1、V2这样的攻击型火箭，并在第二次世界大战中让美国吃了大亏。

第二次世界大战结束了，以布劳恩为首的德国火箭专家投奔了美国。当他们来到美国时，许多美国人都虚心地向他们讨教有关火箭的知识和技术。所有德国人都大吃一惊，回答说："你们为什么不去请教高达德，他懂得的比我们多得多。"

遗憾的是，高达德这位宇宙航行的孤胆英雄，已经在1945年8月，默默无闻地离开了这个世界。

·热心发明的"疯子"·

电视已经成为当今最普遍的传媒工具，它的工作原理，早在20世纪初便已确立。但是直到1920年，还是没有人肯研究传播图像的机器。那些左右了无线电行业的老板热心于积累自己的资本，不愿为一种新式的传媒冒风险。于是，发明电视机的历史职责，落到了一位穷困的业余爱好者身上。他叫贝尔德，1888年生于英国。他不名一文，衣衫褴褛，蓬头垢面，形似疯子。他却在极简陋的条件下，发明了第一台电视。到1928年，他又开始了彩色电视的播放试验。可惜他英年早逝，死于1946年，没有能赶上电视传媒大发展的年代。

1906年，18岁的贝尔德在英格兰西南部的里斯廷斯建立了自己简陋的实验室。他的住所有一间低矮的顶楼。放着一个洗脸盆框架，旁边有一只硬纸板的茶叶箱，箱上放了一台小电动机，这便构成了他实验的动力设备。一个马粪纸圆盘上打上许多小洞，可以把场景分成许许多多明暗不同的小光点，构成输送的图像，而投影灯是由装着几块透镜的饼干盒组成的，一套从旧军用发报机上拆下的零件，用密密麻麻的电线连接起来。这一切，便是贝尔德的全部家当。

贝尔德把这些零件装了又拆，拆了又装，整整忙碌了十几年，到1924年春天，才终于成功地在阴极管上发射出一朵十字形的花朵，发射的距离只有三米，图像也忽隐忽现，但它毕竟是世界上第一台有线的电视发射和接收机呀！

贝尔德知道，自己的电视图像不清晰，可能是因为电压不够的缘故。于是他把几百个干电池连接在一起，让电压达到2000伏。他刚把电路接通，正回过身来操纵机器，不料一不小心，手指碰到了一根裸露的电线，电火花闪了一下，立即把他击倒在地。

第二天，伦敦《每日快报》用大幅标题报道了这次意外，"发明家触电倒地"！贝尔德顿时成了新闻人物。他灵机一动，索性对着前来采访的记者作了一次表演，让报纸替他作义务宣传，以便引起人们的关注。

真是"祸兮福所倚"，伦敦的电气商和百货公司的老板们纷纷闻讯而至，要跟他合作，或者让他把机器放在商场，一天表演三次，以招徕顾客。于是，贝尔德以及他那些破烂，一起从里斯廷斯顶楼来到了伦敦。

到了伦敦，贝尔德的电视还犯着老毛病。观看表演的人都十分扫兴，老是问："你什么时候能弄一张人脸给我们瞧瞧？"贝尔德知道这一点目前还做不到，只得满脸尴尬地告诉大家，今后一定要做到。

伦敦的生活比里斯廷斯更艰难。他衣服破了，鞋子穿了孔，房主逼他付房租，甚至扬言要把他的机器扫地出门，但是贝尔德还是坚持着，他设置了一个木偶"比尔"，努力把"比尔"的脸清晰地发射出去。

1925年10月2日，贝尔德重新调整了自己的机器，来到接收机旁，一按电钮，屏幕晃动了一下之后，出现了正咧着嘴笑的"比尔"的头像。贝尔德在怦怦的心跳声中仔细观察了一番，不错，"比尔"出现了，快，快去抓个活的"比尔"试试。他猛地窜到了楼下，一把拉住一个正路过的小伙子就往屋里拖。那位附近店里的小伙计看到他蓬头散发，还打着赤脚，以为遇上了一个疯子，吓得不敢违拗，直打哆嗦，被贝尔德牢牢按在原来"比尔"的坐位上。只过了几秒钟，接收器上，便出现了那张惊惶不安的脸庞，电视机终于成功地转播了第一张人脸。

尽管贝尔德采用的方法与后来的电子扫描不同，图像也始终模糊不清。但是，它毕竟是世界第一台电视机。至今，他简陋的机器还跟咧着嘴的"比尔"一起，陈列在南肯辛顿科学博物馆里。

·永远的搭档·

费德里克·班廷是位农民的儿子，1891年出生在加拿大安大略省的阿里斯顿。1941年在反法西斯战场上英勇献身。26岁毕业于多伦多医学院，专攻外科。他在第一次世界大战的战场上当军医，负了伤回国，到安大略省的伦敦城挂牌行医，可惜病人太少，一个月才能收入4块钱。于是他又到省医学院当了兼职教员，讲的是药物学。

院方要他准备作一次糖尿病问题的专题报告，这可难坏了班廷，他熟悉的是外科知识，而对糖尿病可以说毫无研究，他只得一边学习，一边上课。谁知就是这样一次"牵着黄牛当马骑"的任务，让班廷这位外行战胜了当时的不治之症，挽救了千千万万人的生命。

对糖尿病班廷并不陌生，他小时候的好朋友约·基尔克里斯特就是位严重的糖尿病患者。

他俩从小一同玩耍，一道摔跤，一同进了医学院。而现在，班廷却眼睁睁看着好朋友一天天消瘦，嗅着他嘴里发出的丙酮气味，束手无策地瞧着他一步步地走向坟墓。

查找了有关的文献资料之后，班廷更加吃惊。全世界数以百万计的患者，像基尔克里斯特一样，都想用少摄入糖的饥饿疗法苟延残喘。为什么他们血液中的糖分不能成为热能而莫名其妙地"饿"死呢？按文献分析，是因为他们的胰腺功能发生了某种缺陷。尸体解剖说明，他们胰腺的岛屿状暗点缩小到了原有的几分之一。难道就是它发生了病变？尽管任何内科专家都无法讲清问题的症结，但是，执拗的外行班廷却下了决心，一定要解决这一个世界难题，造福于千千万万患者。

班廷摘下行医的牌子，卖掉自己的外科器械和家具，来到母校，请求麦克劳德教授支持。他不要头衔，不要工资，只要一间试验室，十几条试验用犬和一位化学分析的专门助手，以补充他这方面知识的空白。麦克劳德被他破釜沉舟的决心感动，支持了班廷的行动。

1920年，两位年轻人，在一间只有一张椅子的试验室里，开始了最原始的试验。班廷的助手贝斯特是一位不满20岁的学生，在化学分析方面十分内行，班廷则是一位颇具才干的外科医生，他精湛的手术和贝斯特娴熟的化学分析真是天造地设一般。

班廷告诉年轻人，他认为胰腺中暗色的斑点是克制糖尿病的灵丹妙药，他想把狗的胰腺结扎起来，让其他组织萎缩，只剩下暗色斑点，然后从中提取针剂，用来治疗糖尿病，贝斯特的任务就是做化学分析。

他们切除狗的胰腺，让它们患上糖尿病，然后用提取的药去医治。前前后后，一共用了91条狗，试验终于取得了成功。他们把这种提取物叫做"岛汀"。

动物试验的成功并不意味着完全的胜利。班廷和贝斯特需要搜集大量的动物胰腺，提纯"岛汀"，然后寻找一位患者做试验。大量的动物胰腺可以从屠宰场的废弃物中搜集，试验者找谁？班廷想到了自己的好朋友基尔克里斯特。

这位可怜的医生正在含糖的溪流中消亡。他面色惨白，已经完全绝望。班廷告诉他，自己正在做一个试验，一定会引起他的兴趣，班廷把他带进了自己的试验室。

班廷给朋友注射了一针葡萄糖，然后注射了自己的新药"岛汀"。两个小时后，贝斯特对基尔克里斯特的病情作了分析，效果看来不佳，葡萄糖没被身体吸收。班廷失望地回到了老家的农庄，打算宣泄一下烦躁的心情。

第二天，基尔克里斯特打来电话，他兴奋极了，觉得病情有了好转，希望再打一针救命神药。人体试验成功了，麦克劳德教授立刻亲自主持这项试验，并另外替新药取了个名字——胰岛素。

当胰岛素救活了一批病人后，1923年，班廷和麦克劳德分享了诺贝尔奖金。班廷把自己的那一份分了一半给贝斯特，并对年轻人说："你是同我在一起的，永远如此。"

·神童·战争·控制论·

　　诺伯特·维纳这位"控制论之父"是一位神童，他1894年在美国哥伦比亚城出生，父亲是哈佛大学的斯拉夫语教授。从出生到11岁，他没上过一天学，所有的学业都在父亲里奥·维纳的督导下完成。11岁，他直接进入塔夫茨学院学习，18岁时获得哈佛的博士学位。他通晓10国语言。当过教授、工程师和新闻记者，最终却在学科的交叉位置上，创造出控制论学说，成为一位才华横溢、丰产多收的科学大师。在从神童到大师的历程中，两次世界大战的经历，成为维纳开辟科学史新时代的契机。

　　第一次世界大战爆发的时候，维纳正好20岁，血气方刚的他立即从军报国。作为一名年轻的数学博士，他被分配在阿伯丁兵器实验厂，参与高射炮射程表的编制工作。当时飞机的速度已经有了很大的提高，高射炮射程表编制程序繁难冗杂，许多工程师都无法解决。维纳是数学神童，这些问题对他来说，不过是小菜一碟。他很快应用数学理论出色地完成了工作。在第一次接触防空火炮系统问题的时候，维纳深深感觉到了高速计算的重要性，也顺利地用数学理论解决了实际问题。

　　战后，他沿着这一条道路继续前进，把数学和其他学科结合在一起。维纳在当大学生的时候，对各学科知识都发生过浓厚的兴趣，他对物理和化学产生过旺盛的热情，又钻研过生物学，还在英国哲学家罗素门下接受过哲学的启蒙教育，深得罗素赏识。因此，当他从纯数学体系中跑出来，用数学理论去解决其他学科的问题时，立即发挥了自己蓄存已久的优势。他四面出击，屡试屡成，捷报频传。到1933

年，年仅39岁的维纳就被选为了美国科学院的院士。

几年之后，新的世界大战又一次爆发了。大战开始时，法西斯德国占有空中优势。防空成为同盟国最大的战略问题。维纳应邀参加防空火炮的装置设计工程，现实再一次促使他寻找一种数学与其他学科相结合的理论。

当时飞机的飞行速度，已经飞得与炮弹相差无几。单靠人的眼力、心力、体力，已经无法适应飞机的速度、方向的变换，只能靠机器来提高命中率。那么，机器应该如何判断飞机在三维空间中各种复杂的动作呢？

经过苦思冥想，维纳找到了解决机器判断的两个关键因素，那就是信息和反馈。人和机器在判断时，都根据获得的信息来调整动作、发布命令、指挥动作等。一切全部仰仗于信息对行为的反馈。

他这个想法，首先得到了老朋友罗森勃吕特的支持。这位生理学家指出，有些生理疾病的病例说明，人的目的性行为也会因反馈失调而致病。于是，他们开始合作探讨模拟人的生理功能，从而实现了火炮自动化装置。

维纳不满足于已取得的成绩，他参加了一次又一次国际跨学科的学术讨论会，从工程学、心理学、物理学、神经生物学、计算机科学等许多方面，探讨学科合作的问题，终于在1948年，著成《控制论》一书。这本书系统地分析了信息与反馈在机器、生物、社会组织领域的作用，构建了指导、设计和完成目的性行为的科学理论。《控制论》一经发表，立刻引起了人类社会思想的飞越，推动了现代社会自动化的进程。

1964年3月，诺伯特·维纳因心脏病去世。病魔夺去了一个聪慧的生命。但他开创的控制论理论，依然在科学的许多方面指导着人类向新的高峰攀登。

·双手掰开原子弹·

　　加拿大著名的核物理学家斯罗达博士出生在19世纪末，他没有作出过震古烁今的发现，更没有获得过重大的科学奖项，但是，他以勇敢的牺牲精神受到人们的尊敬，被称为用双手掰开原子弹的人。

　　1939年，世界科技界发现了一个令人不寒而栗的消息，法西斯德国下令，禁止捷克出口铀矿石。逃亡到美国的匈牙利物理学家西拉德6年前就预料过，一旦铀发生链式反应，就会释放出惊人的能量。万一这种技术被战争狂人掌握，就会给世界带来无法估量的破坏，于是他立即写信给爱因斯坦，要他劝美国总统罗斯福抢先掌握这种毁灭性的技术，并竭力阻止德国发展核爆炸的技术。

　　罗斯福总统的科学顾问萨克斯把爱因斯坦的信交给了总统，并举出拿破仑拒绝富尔顿制造蒸汽机海轮的意见，丧失了渡海战胜英国的例子，劝罗斯福接受爱因斯坦的建议。萨克斯的话打动了总统，1941年12月6日，就在珍珠港事件发生的前一天，罗斯福总统签署了"曼哈顿计划"，成立了研究原子弹的机构。

　　与此同时，世界各国的科学家也在跟希特勒抢时间，争取及早解决铀的链式反应的技术问题，加拿大有关的研究工作，就是由斯罗达博士负责，并且取得了可喜的进步。研究小组信心百倍，希望能够第一个完成链式反应的全程控制。

　　铀能不能发生链式反应，关键在于它的体积，金属铀块一旦超过临界体积，它瞬间就会发生爆炸。在当时，普通使用两种方法让铀超过临界体积。一种是挤压法，利用黄色炸药爆炸时的压力，把分散的浓缩铀块挤压在一起，引起核爆炸；另一种是拼凑法，像搭积木一般，把两块体积小的铀迅速合起来，就组成了超临界体积的铀块，它立即会发生爆炸。

斯罗达博士采取的方法，便是第二种拼凑法。他们设置了一种可控装置，让两块铀在轨道上相向滑动，研究它们处在什么位置上，便形成亚临界状态，然后可确定原子弹内部的结构及两块浓缩铀之间的距离。

那是1942年的一天，斯罗达博士的实验已进入了关键时刻，两块浓缩铀已经越来越靠近。就在此时，拨动浓缩铀块装置的螺丝突然滑落，铀块失去了控制，在轨道上相向滑动，一场灾难眼看即将发生。如果两块铀滑到一起，就可能超过临界状态，发生爆炸，整个实验室，甚至整个城市，就会因为核爆炸而化为灰烬。

在场的科学家和他们的助手都惊呆了，有人因为恐惧紧紧闭上了双眼。在这关键时刻，斯罗达博士迅速打开防护设备，奋不顾身伸进双手，隔开了正在滑动的浓缩铀块，然后使劲把它们掰开，让它们回到安全的位置上，一场可怕的灾难避免了。

然而，由于直接接触到浓缩铀块，斯罗达博士受到极高剂量的核辐射，这种剂量对任何一种生命形态都是致命的。斯罗达被严重灼伤，全身出现了放射性疾病的严重症状，医学对这种病症无能为力，只过了短短的9天，这位博士便离开了人世。

一位优秀的科学家，曾为了反法西斯斗争，为了世界和平事业，废寝忘食地工作，现在又在危难的关头挺身而出，为了他人的幸福，牺牲自己的生命。他的牺牲给加拿大的核科学带来了不可挽回的损失，加拿大政府给他立碑纪念，碑文称他为"用双手掰开原子弹的人"。

·拥抱原子世界的人·

在20世纪降临大地的那一年，1901年9月，意大利罗马一个铁路员工的家庭里，诞生了第三个男孩恩里科·费米。他从小就是一位优秀的学生，17岁就读于比萨高等师范学院时，就成为量子理论的权威，以致教授们都要请这位高年级学生介绍爱因斯坦的相对论。很快，他就成为罗马大学的物理学教授。到1938年，由于在中子吸收方面的卓越成就，他获得了诺贝尔奖。同年，他移居纽约，并在哥伦比亚大学任教期间制造了世界第一座原子反应堆，为第一颗原子弹的制造提供了大量科学数据。在他1954年去世后，人们用他的名字命名第100号元素"镄"，这个名字，将作为人们对这位20世纪伟大物理学家的永久纪念。

1938年，意大利和德国都沦入法西斯的奴役之中。法西斯的种种倒行逆施，严重影响了费米的研究。费米的夫人也是位物理学家，她有犹太血统，她和费米的孩子都生活在阴影之中。这时候，传来费米获得诺贝尔奖的消息。费米趁这个机会，借去斯德哥尔摩领奖的机会，全家迁到了美国。

费米到了哥伦比亚大学，在那里领导一个小组，开始潜心研究铀的裂变工程。他们用碳作中子的减速剂，把石墨和铀一层层堆积起来，形成"原子反应堆"，让铀发生人工控制的裂变，释放出巨大的能量。

不久，费米应召参加了试制原子弹的"曼哈顿计划"，全组迁到芝加哥一个网球场，在那里建造一个规模更大的原子反应堆，为制造原子弹作好准备。

新的反应堆造成一个球形，用一个正方形支架撑着。1942年春天，关键设备的安装开始了。费米登上脚手架，亲自发号施令。石墨墙的安装花了6个星期，然后开始从反应堆中抽出反应的开关：金属镉棒。

费米下令，除了助手韦尔那根镉棒，其余的镉棒全被抽了出来。关键时刻到了，费米命令韦尔慢慢抽出最后一根镉棒。随着它渐渐地慢慢抽出，记录铀原子分裂的计数器变得活跃起来，不断发出越来越响、频率越来越快的鸣叫，表示原了裂变的程度越来越高。

午饭时间到了，谁也不饿。费米瞧了瞧手表，镇定自若地说了那句后来名闻遐迩的话："让我们去吃午饭吧！"他知道，跟未知的东西打交道，谨慎是最重要的，他还想对自己的计划做一次最后的检查，绝不能作草率的决定。

下午3点20分，当其他科学家来到反应堆前时，费米已经用手中那把15厘米长的袖珍计算尺，对自己的计划作了最后的验算。他发出命令，把镉棒再抽出30厘米。韦尔完成了他的工作后，各种记录仪器表示，人类历史上第一次链式反应开始自动地进行了，原予反应堆终于达到了工作的临界点。

28分钟后，链式反应得到了证实，在场的人围在费米身边，物理学家威格勒向费米献上一瓶红葡萄酒，在场所有的人都用纸杯喝了酒，没有欢呼，没有颂词，大家都在纸杯上签了名，用这种方式表示对这划时代时刻的隆重纪念。

费米的原子反应堆成功运转，开启了一个新时代——核时代。这一成功立即以密码的形式传达到"曼哈顿计划"的负责总部："那位意大利航海家已经登上了新大陆。""曼哈顿计划"从此进入了高速推进阶段，3年后，3颗原子弹在美国试制成功。又过了10年，和平利用核能的原子能发电站建成，费米的试验终于成为了和平的使用方式。

·计算机之父冯·诺伊曼·

出生在1903年12月的冯·诺伊曼自小就有布达佩斯神童之称。这位犹太人银行家之子有惊人的记忆力、理解力、心算能力，3岁时能背父亲的整页账本，8岁时就能心算8位数的复杂算术题。到1933年，移居美国的冯·诺伊曼，就和爱因斯坦一起，成为普林斯顿大学的6位终身教授之一，6个人中间，他年纪最轻，只有30岁。

从这时候开始，直到1957年因骨癌去世，冯·诺伊曼在许多科学领域都有重大贡献，种种荣誉纷至沓来。但是在这些贡献之中，对改变人类命运影响最大的是研制电子计算机，所以他被称为计算机之父。

然而，冯·诺伊曼到了1944年才接触到电子计算机这一概念。这年的一天傍晚，正在研究应用数学为战争服务的冯·诺伊曼在阿伯丁车站等候去费城的火车。一位在宾夕法尼亚大学莫尔学院工作的青年数学家哥德斯坦也在候车，这位青年人一眼便认出，跟自己同座的，竟是闻名世界的大数学家冯·诺伊曼，他便怀着一般年轻人拜见大人物的忐忑不安，跟冯·诺伊曼攀谈起来。

出乎哥德斯坦的意料，冯·诺伊曼平易近人，态度和蔼谦虚，跟哥德斯坦有许多共同语言，两个人立刻成了忘年交，热烈地交谈起来。一路上，二人一直在交流对数学问题的理解和这个领域的发展前景。

哥德斯坦告诉数学大师，宾夕法尼亚大学的莫奇利和埃克脱教授正在试制一种名为埃尼阿克系统的电子计算机，它与原来用继电器程序控制的机电式计算机完全不同，而是采用了电子管，这将会大大提高运算速度。

冯·诺伊曼立刻预感到，这项数学的应用学科产物，将会引起社会广泛而深刻的变革。他兴奋极了，决定把兴趣和精力转向这个方面，参与电子计算机的研制。仅仅是一次邂逅，便促成了一种新的科学研究的先进工具在世界上的诞生。

几天后，冯·诺伊曼专程到费城宾夕法尼亚大学，与莫奇利和埃克脱商讨埃尼阿克方案，热心帮助他们制造这台新型计算机。一年之后，埃尼阿克终于制成，它用了1.8万多支电子管，上万个其他电子元件，占了整个一座楼。它比当时最好的机电式计算机的运算速度快上千倍，显示了巨大的优越性。

过了几个月，冯·诺伊曼针对埃尼阿克存在的问题，提出了自己的改进方案。埃尼阿克采用传统的十进位制，这不仅限制了运算速度的提高，还只能存20个字，他建议采用二进位制，运算速度提高到每秒百万次。埃尼阿克必须事先把每一次的计算程序外加到机器上去，每次计算程序安排十分复杂，冯·诺伊曼把程序改成存储式，让机器本身具有存储程序功能。冯·诺伊曼的改革奠定了现代电子计算机的基础。

1949年，第一台冯·诺伊曼通用电子计算机制造成功。在这以后，晶体管代替了电子管，运算速度提高到每秒几十万至上百万次；后来，集成电路和大规模集成电路又代替了晶体管，运算速度又有了惊人的提高，电子计算机体积越来越小，成本越来越低，运用更为广泛。从第一代电子计算机诞生以来，每五年，它的速度就提高10倍，成本和体积也减缩到十分之一，这种趋势至今还在继续。电脑，作为改变整个社会的一种创造，作为人的大脑的延伸，正在大大提高社会生产力，深刻地改变着社会生活各个领域。这一切，都来自冯·诺伊曼一次偶然的交流和他伟大而意义深远的工作。

·他把人类送上月球·

　　1969年7月，美国的土星5号火箭，把宇航员阿姆斯特朗和奥尔德林送上了月球，人类第一次把自己的足迹印在了除地球以外的天体上。完成这次飞行的土星5号火箭设计者，是冯·布劳恩。他1912年出生在德国，曾经设计出液体氧和汽油推进器为动力的A-1至A-4型火箭，其中A-4型经过改造，成为V-2型地对地导弹。二战之后，他加入了美国国籍，成为人类第一次登月飞行器的总设计人。他27岁设计出V-2型火箭，57岁设计出土星5号，直至1977年他65岁时去世，一生与火箭结下不解之缘，也反映出20世纪风云变幻的世界局势，时势造就了他这样的科学家。

　　从很小的时候开始布劳恩就是一位热爱火箭的小顽童，他曾经把6根焰火绑在滑车上，到柏林闹市施放，幸亏他的火箭没有造成什么伤害，不然就难被保释回家。

　　布劳恩试验火箭的目的是为了实现宇宙航行。当他经过努力，真正试验成功能够飞行233千米，飞行速度达到每秒1370米的A-4型火箭的时候，德国法西斯政权却把他的发明当作了战场上的利器。隔着英吉利海峡，轰击对岸的英国首都伦敦，造成了平民极大的伤亡。

　　布劳恩对这一结果表示极大愤慨，公开发表宣言加以反对。纳粹分子十分恼火，盖世太保将他逮捕入狱，准备以叛国罪判处他死刑。这一回，他第二次从德国监狱里得到保释，原因是他还有用。不过，幸免于难的布劳恩已经完全失望，他再也不会替战争制造火箭了。

　　幸好法西斯政权很快便覆灭了，布劳恩和他的100多位同事，带着保存下来的资料，一齐踏上了去美国的道路。他在1953年加入了美国国籍，重新为宇宙航行事业作出自己的贡献。

世界政局的动荡再一次把冯·布劳恩推向了波峰浪尖。这一次，他面对的，是美苏两个大国在航天事业上的激烈竞争。开始，齐奥尔科夫斯基的故乡苏联，在1957年把第一颗人造卫星送上了天，到1961年，苏联宇航员加加林又实现了太空飞行。由于一向轻视宇航事业而吃了亏的美国政府这一下乱了套，除了急忙下令还在陆军当顾问的布劳恩把一颗只有8.3公斤的卫星，用丘比特C型火箭送上天挽回面子外，他们立刻成立了宇航局，美国总统肯尼迪也发誓，一定要在10年内把美国人送上月球。

尽管两个大国为世界霸权在你抢我夺，但总体上还是朝着布劳恩希望的方向前进。只要是搞宇宙航行，他一如既往，全力以赴，这便是他毕生的愿望。于是，布劳恩投入了为登月研制大型火箭的工作。

夜以继日的奋斗，布劳恩终于在1965年制成了巨人般的宇宙级火箭土星5号，它总长85米，竖立起来有30层楼高，是一组三级推进火箭，单单它的第一级火箭，推力就有3500吨。它的研制成功，为登上月球创造了条件。

在经过几次预演之后，一切技术都已成熟。1969年7月16日，名为阿波罗11号的月球探测器，在土星5号运载火箭震天动地的轰鸣声中升空，3个小时后摆脱地球引力，3天后到达月球上空，这一天美国东部时间下午4时多，登陆舱安全地在月面降落。阿姆斯特朗在月面上迈出了"人类的一大步"。

人类登上月球的阿波罗计划，是人类20世纪大科学行动的典型例子，整个美国都在关注这项计划。它也是人类文明史上具有划时代意义的事件。人类从此迈入了浩瀚的宇宙空间。冯·布劳恩在这次伟大的科学行动中功勋卓著。

·黑猩猩的朋友珍妮·

　　20世纪40年代初，英国伦敦郊外的农庄里诞生了一位小姑娘，她叫珍妮·古多尔。她从小对动物产生了浓厚的兴趣，一只蓬发的玩具黑猩猩，从周岁开始伴随她度过整个童年。8岁开始，她就向往着到非洲原始森林去，和野生动物为伍。18岁的时候，一次偶然的机会使她踏上了非洲大陆，在那里开始了漫长的考察工作。十几年后，她发表了著名的考察报告《黑猩猩在召唤》，她开创性的研究使一位没进过大学的女学者获得了剑桥大学的博士学位，受聘为美国斯坦福大学的副教授，珍妮·古多尔成为世界家喻户晓的名字。

　　1960年，珍妮应中学同学的邀请，陪她一同去探望住在肯尼亚农场的双亲，此行彻底改变了珍妮的一生。到达非洲一个月后，中学同学介绍珍妮认识了肯尼亚国家自然史博物馆馆长利基博士。利基博士是英国著名的人类史学者，就是他在肯尼亚和坦桑尼亚发现了最早的人类化石。珍妮从他那儿学到许多知识，也表现了极大的热情。

　　有一天，利基博士建议珍妮留在非洲考察黑猩猩。虽然这是珍妮平生夙愿，可是她还不敢相信博士会委以她重任。利基博士笑了笑，对珍妮说："你知道为什么要研究这里的黑猩猩吗？这里是人类的摇篮，研究这里的黑猩猩，可以推知人类史前的行为规律。至于为什么要选你来担任，正因为你没有进过大学，你没有成见，不被传统观念束缚，一定可以探求真正的知识。"于是，珍妮来到了坦噶尼喀湖边的贡贝河畔，在莽莽丛林里开始了漫长的考察。

　　要在茂密的、难以穿越的森林里立足，是十分困难的，热带的气候，猖獗的疟疾，使珍妮几乎无法进行工作。黑猩猩生性怕人，500米之外，见到珍妮就逃走，要观察它们，简直无法做到。于是，珍妮在黑猩猩经常出没的地方，寻找一处良好的观察点居住下来，尽量让黑猩猩熟悉自己，减少它们的反感。这一住，珍妮就住了4年。

有一天，珍妮正走在密林中，忽然看到一只黑猩猩正背对她坐在小路中间。珍妮立即俯身躲起来，免得被黑猩猩瞧见。几分钟后，珍妮四周传来轻微的"沙沙"声和低沉的"呼呼"声，几头强壮的雄猩猩坐在树上，紧闭嘴唇，紧张地注视着她。珍妮赶快低下了头，她知道，跟黑猩猩长期对视，是一种威胁的表示。

就在这一刹那，珍妮四周的黑猩猩突然一齐发出可怕的尖叫声，它们狂暴地摇动树枝，把手中的泥土、树叶统统扔向珍妮。珍妮抱着脑袋蹲在地上，努力克制自己，待在原地。忽然，珍妮头上被树枝猛地敲打了一下，一个黑影直扑而来。珍妮听天由命趴向地面，等待黑猩猩的攻击。可是当她清醒过来，发觉四周一切都安静下来，黑猩猩在最后一刹那没有攻击她。

珍妮害怕得双膝发颤，但心里却充满狂喜。她感到，黑猩猩有限的攻击，表明它们已经不再害怕自己，她就有机会接近黑猩猩进行近距离的观察了。另外，刚才受到的一阵攻击，特别是当头一击，让珍妮感到，黑猩猩似乎已经建立了集体行动的规则，而且会利用树枝做攻击的工具，这可是别的学者从来没有发现过的一种高级行为规则呀！

从此以后，黑猩猩虽然依旧不信任珍妮，但它们已经不再把这位白人姑娘当作敌人了。珍妮从此可以不即不离地更靠近黑猩猩们，从群体角度研究黑猩猩的习性，了解它们群体内部的结构、亲缘关系和等级关系。珍妮推翻了人类对黑猩猩错误的观念：这种动物会使用和修整工具；它们会捕猎其他动物，这种行动带有集体活动性质；它们不仅有彼此交往的信息系统，还有了类似人类意识和感情的萌芽。

珍妮的发现填补了猩猩与人类之间的空白，如今她仍然在继续着自己创造性的研究。

·小小图书管理员·

    1965年的夏天，美国西雅图城外一座小镇的图书馆来了个孩子。他瘦瘦的，个子也不算高，看上去只有10岁左右，一双忽闪忽闪的大眼睛里，充满着好奇的目光。他对值班的管理员说："我是比尔，学校推荐我到图书馆帮忙。"

    "好的，比尔。"图书馆管理员记起了这件事。学校规定，每个孩子在暑假里都要为社区做些公益事情。比尔被分配到镇图书馆干点儿力所能及的事儿。管理员用最通俗的话向这位才四年级的孩子介绍图书的分类法，告诉他每一本书的书脊上都有一张标签，标签上的编号表示各类图书不同的内容、体裁、作者，有了编号，每一本书在架子上就有了自己的位置，读者可以根据编号一下子找到它们。

    "现在，有些图书没有放在它们应放的地方，你的任务就是把这些站错位置的书找出来，把它们放到该放的架子上。你行不行，比尔？"

    "像是当个侦探吗？"小男孩回答。管理员觉得孩子的回答很有趣，说得也很恰当，便笑着说："对呀，对呀！你就把自己当个侦探，把那些犯了法的书找出来。"说完，便把孩子留在书库，忙自己的事去了。

    到工间休息的时候，管理员想起了书库里的孩子。他走进书架间的走廊，看到比尔还在书架前，站在小板凳上，吃力地把一本书插进最高一层架子中。

    "先生，"比尔眼里闪着热情，"我已经找到了3个逃犯。这里才是它的归宿。"对一个年仅10岁的孩子来说，短短一两个小时就掌握了图书编号的规律，确实是件让人吃惊的成功。

第二天，当图书管理员上班时，看到图书馆门口站着一个瘦小的孩子，比尔来得那么早，看来他已成了"侦探"迷，对图书馆枯燥的工作产生了浓厚的兴趣。到这天傍晚，比尔要回家时，他正式请求担任图书管理员，他的要求立刻被接受了。大人们都十分喜欢这个有头脑的孩子。

比尔确实没让大人们失望，他对编号似乎有特殊的感受能力，能够迅速地让放错的图书回到自己的位置，他干得比大人还好。

可惜好景不长，半个月后，比尔对图书馆管理员说，他们家要搬到湖滨住宅区去了，他也要跟着转学到那边的学校去。比尔似乎对图书产生了极大的留恋，他说："我走了，谁来整理那些站错了位置的书呢？"

到下半年新学期开学后，许多孩子要来借书，图书馆里的工作人员在整理放错了位置的书时，还是常常想起比尔这孩子，假如他还在，那该多好，至少每天总会有个人关心这件事，免得大家要多出一份力。

谁也没想到，一个星期后，比尔又出现在图书馆里。孩子高兴地告诉大人同事们，那边镇上的图书馆不让孩子当管理员，爸爸妈妈决定把他仍然转回来，在这边上五年级。每天由他爸爸用车接送他上学。"如果爸爸没有空儿，我就走路来。"听到他坚定的话语，又看到他这么有决心，图书馆的工作人员都被感动了。

比尔在这小镇的图书馆又干了一年的义务小小图书管理员，他对图书编号的熟悉让所有的人吃惊，他的工作效率极高，而且每次当"侦探"，都不遗余力，穿梭在书架之间。

1968年下半年，比尔最后一次到图书馆工作。他很不好意思地告诉大家，他找到了另一件更让自己动心的活计，原来他开始接触到电脑，"我很抱歉，"比尔说，"可是，电脑几乎占有了我所有的空余时间。不过，在这里的工作，也教会了我好多东西，我相信，今后我会用得上它们的。"

果然，1975年，当比尔20岁的时候，他便创建了自己的电脑公司，在制作自己的电脑软件的时候，图书馆整理图书的经历，给了他很大的启发，他很快地给自己的软件设计了编码通道，让电脑能容纳更多的信息。

这位当年穿梭在书架中的瘦孩子，便是信息时代的天才，微软电脑公司的总裁比尔·盖茨。